老交警的安全驾驶课

张 成 著

机 械 工 业 出 版 社

本书由从警40多年的老交警依据其所见所感精心编写，书中对众多交通事故案件进行了专业研究，剖析交通事故发生的原因并还原现场，图文并茂，以课程形式归纳整理了50个安全驾驶知识，并用朗朗上口、便于记忆的"打油诗"进行了总结，读者牢记打油诗可受益终身。本书是血的教训的总结，衷心地希望此书对大家在防范交通事故、提高避险能力方面能有所帮助。

本书可供机动车驾驶人阅读和使用，尤其是驾校学员和实习期驾驶人。

图书在版编目（CIP）数据

老交警的安全驾驶课 / 张成著. —北京：机械工业出版社，2024.1
ISBN 978-7-111-75122-9

Ⅰ．①老… Ⅱ．①张… Ⅲ．①机动车 – 驾驶员 – 行车安全 – 普及读物
Ⅳ．①U471.3–49

中国国家版本馆CIP数据核字（2024）第031934号

机械工业出版社（北京市百万庄大街22号　邮政编码100037）
策划编辑：谢　元　　　　　　责任编辑：谢　元
责任校对：郑　婕　陈　越　　责任印制：常天培
北京宝隆世纪印刷有限公司印刷
2024年3月第1版第1次印刷
169mm×239mm·12.5印张·160千字
标准书号：ISBN 978-7-111-75122-9
定价：59.90元

电话服务　　　　　　　　　网络服务
客服电话：010–88361066　机 工 官 网：www.cmpbook.com
　　　　　010–88379833　机 工 官 博：weibo.com/cmp1952
　　　　　010–68326294　金 书 网：www.golden-book.com
封底无防伪标均为盗版　机工教育服务网：www.cmpedu.com

前　言

2023 年，我国机动车保有量达 4.35 亿辆，其中汽车 3.36 亿辆；机动车驾驶人 5.23 亿人，其中汽车驾驶人 4.86 亿人。由于汽车和驾驶人数量的增长，道路交通事故已成为人们生活中的"一大杀手"，它吞噬了一个个鲜活的生命，破坏了一个个幸福的家庭。据公安交通管理部门统计，我国平均每年因道路交通事故死亡的人数都在 6 万人左右。血的事实告诉我们，汽车既可以让人享受现代化的生活，也可以让人的生命转瞬即逝。据报道，自 1886 年世界上第一辆汽车发明以来，全世界因道路交通事故死亡的总人数已远远高于同时期战争死亡的人数。

本人 1971 年参加首都交通管理工作，在 40 多年的从警生涯中，曾接触处理过许多重大交通事故，每当那惨烈的事故场景映入眼帘时，无不为人的生命之脆弱而感叹，无不为一个个美满的家庭瞬间被击碎而惋惜。纵观众多交通死亡事故，有三大特点：一是麻痹大意一瞬间，即在事故发生时，驾驶人往往处于麻痹大意、注意力不集中的驾驶状态；二是用自己的生命给他人交了"学费"，即对于因交通事故死亡的人而言，生命已不复存在，已没有吸取教训的机会了，而用他的生命为他人交了"学费"；三是不分贫穷富有，不分职务高低，在大量的事故死亡人员中，既有普通百姓，也有名人、富商等。

剖析交通事故成因，除交通肇事者无视交通法律法规、行车中我行我素的主因外，事故受害者自我保护意识差、防范能力低也是一个不可忽视的因素。为此，本人根据以往对众多交通事故案例的分析研究，于 2007 年和 2013 年分别以《呵护生命——道路交通安全常识例话》和《远离车祸50招——一位老交警的忠告》为名出版过相关书籍，此次应广大读者要求出版《老交警的安全驾驶课》，主要原因是近几年国家已多次对《中华人民共和国道路交通安全法》进行修改，有必要对照新法规介绍新规定、新要求。另外，最近几年社会上陆续发生过不少重大交通事故，本书对多例社会影响比较大的事故案例进行了事故原因剖析，以做警示。

本书对众多交通事故案例进行了专业研究，剖析交通事故发生的原因并还原现场，以课程形式归纳整理了50个安全驾驶知识，并用朗朗上口、便于记忆的"打油诗"进行了总结，意在提醒驾驶人提高避险能力，防范交通事故的发生。同时，本书采用了如油门、刹车等通俗易懂的表达，使广大驾驶人更容易理解和记忆书中的内容。

可以讲，本书中的每个知识点，都是血的教训的总结，牢牢记取，可以终身受益。真诚地希望大家通过阅读此书，提高自身的交通安全意识和防范事故的能力。让我们共同努力，营造出一个和谐的交通环境，让交通事故的悲剧不再重演，让幸福永驻每个家庭。

本书从最初组稿到定稿出版的编写过程中，相继得到了公安部交通管理局、北京市公安局公安交通管理局、中国道路交通安全协会、中国道路运输协会等多家单位领导的支持和指导，在此一并表示感谢。

张　成

目　录

第 1 课

谨防绿灯"陷阱"

敬 告
驾驶人

绿灯通行有隐患，大意必定藏祸端。
他人突然闯红灯，你无防范性命悬。
带脚刹车减点速，左右观察防突然。
*自我保护记心间，绿灯**陷阱**定避免。*

"绿灯行，红灯停"是对每一名交通参与者最基本的要求。从一般常理来讲，绿灯通过交叉路口会是安全的。但殊不知，在某种情况下，越是安全的地方，往往越会潜伏着危险。因为在现实生活中，总有个别驾驶人置法律法规于不顾，随意闯红灯，这样往往在路口会形成绿灯"陷阱"（这种"陷阱"，不是人为设置的，而是人们麻痹大意所致的），极易对正常行驶的驾车人、骑车人或行人构成极大的威胁，甚至造成车毁人亡的重大事故。这种情况，在视线不好的夜间或偏远地区没有交通监控的地方更易发生。

某校高三学生李兵（化名），18岁，是李家第三代单传独苗。从李家的祖辈说起，李家的人丁就不算兴旺，他的爷爷、父亲，都是一苗单传，到了李兵这代又是独子一个。

李兵的父母同在一家乡镇企业工作，夫妻二人结婚后很长时间没有孩子，到医院一检查，李兵的母亲有不孕症，为此，双方老人都很着急，几乎成了一块心病，到处为他母亲求医诊治。后经多家医院治疗，他母亲终于有了身孕，他父亲以及爷爷、奶奶的高兴劲就甭提了。之后，他母亲在怀孕期间，得到了全家人的百般照料，他母亲还辞掉了工作，专心在家养胎，恐怕有点闪失。她母亲在临近生产还有 20 天时就住进了医院，图的是在医院比在家里放心。

小伙子出生后被全家人视为掌上明珠、未来的希望，得到百般呵护。转眼间，李兵已长成一个 18 岁小伙子，马上就要高中毕业临近高考了。一天晚上，在他上完晚自习回家的路上，悲剧发生了。那天是星期四，李兵在学校补习功课一直到晚上 7 点多钟才往家里走。当他坐在父亲开的电动三轮车上由西向东行驶到青年路路口时，正赶上绿灯，他父亲下意识地加了一下速准备快点过去。不成想，当电动三轮车行至路口中间时，有一辆大货车由南向北闯红灯快速驶来，将他们连车带人撞出去 20 多米远……

绿灯时通过路口，要注意其他车辆

当他的父亲在医院醒来时，李兵已因伤势过重不治身亡了。

孩子的突然死亡，对李家来说犹如晴天霹雳，精神打击太大了，全家人都垮了下来。李兵的母亲承受不了这种打击，一下子变得精神失常，在孩子去世后的第 28 天，从五层楼跳了下去，经医院抢救无效身亡。他的爷爷、奶奶、姥爷、姥姥四位老人，因忧伤过度，加上年岁已大，在不到半年的时间里都相继去世了。家里仅剩下一个残疾在身的父亲。

一起事故导致一个幸福家庭的破碎，六个亲人相继去世，实在是悲惨至极！

下面再向大家讲述一个机动车驾驶人在正常通过路口时，被一辆闯红灯的大货车撞死的事故案例。

一天深夜 11 点左右，在一家外企工作的刘伟（化名），忙碌完了一天工作后，驾驶一辆小客车由东向西通过大山子路口时，适逢某工地的司机马某驾驶一辆运渣土的"斯太尔"大货车，由南向北闯红灯。大货车撞在了小客车的左侧，刘伟当即被撞身亡，车辆报废。当民警赶到现场时，大货车司机一口咬定："我是绿灯过来的"。办案民警及时调取路口监控录像后发现，当时刘伟驾车通过路口时是绿灯尾，而大货车驶到路口时，南北向信号灯还处在红灯状态，大货车在没有减速的情况下闯进了路口，属于严重闯红灯，路口的监控镜头真实地记录下了这幕悲剧。面对这铁一般的证据，大货车司机不得不低下头，承认了自己说了谎。刘伟是一所名牌大学的毕业生，来京后在这家外企工作已有 12 年时间，逐渐由一名普通职员，提升为部门经理，和同学们比，算得上是一位佼佼者。这年年初，他又圆了住房梦，在望京新购置了一套住房，妻子、孩子一家人生活得比较美满。但是，这起事故在一瞬间使这个幸福的家庭破碎了。

　　以上两起事故的肇事司机全部受到了法律的严厉制裁，不仅支付了巨额的经济赔偿，被吊销了驾驶证，而且分别被判刑入了监狱。但作为受害者一方，生命是无法挽回的，给家庭造成的伤害也是无法弥补的。这两起案例警示广大交通参与者，当绿灯通过交叉路口时，切不可麻痹大意，一定要牢牢树立安全意识和自我保护意识。首先自己不违法，做到红灯停、绿灯行，其次时刻提防因他人闯红灯而给自己造成的伤害。

　　正确的做法是，当驾车通过绿灯路口，特别是绿灯尾通过路口时，应注意观察路口左右两侧的情况，主动踩点刹车，控好车速，骑车人或行人由于自身行进速度慢，更要注意，特别是在深夜或凌晨要格外警惕，因为这时段驾驶人闯红灯的违法现象更为多见。总之，绝不能错误地认为：我守法了，就不会出事了。

第2课

别误把油门当刹车

敬告
驾驶人

变驾车型需警惕，预防车祸有规律。
车况性能先摸透，盲目上路不可取。
突发情况不慌乱，油门刹车要分清。
熟练技术加谨慎，生活无忧乐融融。

在众多交通事故案例中，汽车驾驶人把油门当刹车而引发的重大亡人事故并不少见，这种交通事故一旦发生，后果非常惨烈。可想而知，驾驶人突遇情况本想紧踩刹车让车辆停住，却一脚踩在油门上，使车辆瞬间加速会是什么结果。

司机王云（化名）今年41岁，俗话讲"三十而立，四十不惑"，他刚进入不惑之年。王云祖籍河北，大学毕业来京工作已经十多个年头了，他在一家外资银行担任副行长职务，是个高级白领。他的爱人在一家小学当老师，儿子已经12岁了并就读于一所双语小学，家庭幸福，工作满意，很受同龄人的羡慕。可以说，他在他的大学同学眼中是一位成功者。王云于半年前考取驾照后，就在二手车市场购买了一辆捷达小轿车。他的意思是先买辆旧车练练手，待一年半载后再换新车。工作之余，每逢周六日，他时常开车带着爱人和孩子去郊区游玩，生活过得很惬意。这年春季，还差十几天就到"五一"假期了，全家人早早就合计着，"五一"节时要到一处水库景区游玩。临近"五一"的最后一天，他的捷达小轿车突然出了故障，进厂修理去了，眼看着"五一"节不能带着爱人、孩子出去玩了，王云十分着急。与他一起工作的同事小白知道此事后，对他说："我假期去江苏，我的车用不着了，你拉嫂子去玩吧。"王云很感激这名下属在关键时刻帮忙。

"五一"当天，王云驾驶着小白的自动挡"卡罗拉"小轿车，拉着爱人、孩子一大早高高兴兴地出了家门。王云在驾校学车时练的是手动挡的车，之后买的二手车也是手动挡的。头一回开自动挡的车，王云很不适应，驾驶起来总是磕磕绊绊，一路上没少受爱人讥笑："你这车技怎么越开越差了？"上午9点多，总算到水库景区了。当王云驾车以40多公里/时的车速在大坝上行驶时，突然间，在前方靠边停着的一辆大客车门一开，从车上跑下来四五名游客，路窄、速度快，情急中王云边打方向边想踩刹车避让，不成想慌乱中他一脚踩在了油门上，"卡罗拉"小轿车向箭一样冲向前方，撞破护网后一头冲下大坝，游客虽然没有撞上，"卡罗拉"小轿车却坠落到距坝顶二十多米深的水库里……

当人们打捞起这辆小轿车时，王云一家三口早已没有了生命迹象。因为这起车祸，这个幸福之家在瞬间毁灭了！

说起此类事故，在人们的生活中还有很多很多，在报纸、网络，时常可以见到这样的事故信息，怎样去预防这样的事故呢？有以下三条建议供大家参考。

第一，驾驶车辆时，要确保精力集中不走神。剖析交通事故的成因，其中一大特点是"麻痹大意一瞬间"，也就是讲，交通事故往往是在精力不集中的一刹那间发生的，因此，驾驶人在驾驶时，千万不要做一些如打手机、吸烟、聊天、吃东西等妨碍安全驾驶的动作。否则，一旦遇到紧急情况，驾驶人在慌乱中极易出差错，就极有可能会出现本想踩刹车，却踩在了油门上的现象。只有全神贯注、精力集中，才能在路面出现突发情况时从容应对，才不会发生

司机误把油门当刹车，冲下大坝

错踩油门的悲剧！

第二，新手驾驶人要开自己熟悉的车型。在分析此类事故时发现，有不少是新手驾驶人事故。由于他们在驾校学习时用的是手动挡的车，而发生事故时，他们大多都是初次驾驶自动挡的车。因此，建议新手驾驶人一是不开自己不熟悉的车型；二是在刚开始开车的较长一段时间内应由老司机陪同，待技术熟练后再单独开车。

第三，即便是老司机，当开惯了手动挡的车，初次开自动挡的车上路时，应先熟悉一下车的性能，找个条件好的地方练练车，再正式上路。有不少类似的事故，事后出事的驾驶人都后悔地讲："以前从未开过自动挡的车"。据有经验的驾驶人介绍，当长期开手动挡车的驾驶人偶尔开自动挡车时，可以把"用不着"的左脚有意识地向后收一收，一来可以防止左脚"忙时添乱"，二来可以下意识地提示自己所开的车型不同，使心里有所准备。

第3课

安全带——维系生命之带

敬告
驾驶人

行车要系安全带，司乘人员莫等闲。
千钧撞击迎面来，安全带下生死间。
侥幸心理不可有，遵规守法保安然。

安全带于1959年问世，在汽车的发展史上，它的出现比安全气囊早了许多年。现今，安全带已被人们形象地比喻为汽车的"生命带"。小小安全带怎会这样神奇呢？交通事故调查资料显示，在发生车祸时，从汽车内抛出的驾驶人和前排乘客座上的乘客，有75%会因伤势过重而死亡，而安全带是有效防止车内人员在事故中被抛出的最好的保护装置。研究表明，在一次可能导致死亡的车祸中，系好安全带能使车内人员生还的概率提高60%；在发生正面撞车时，如果系了安全带，可使死亡率减少57%，侧面撞车时可减少44%，翻车时可减少80%。令人遗憾的是，尽管安全带可以挽救生命，几乎所有的汽车又都配备了安全带，《中华人民共和国道路交通安全法》也明确规定机动车驾乘人员应当使用安全带，但在日常生活中，许多人交通安全观念淡薄，自我保护意识不强，在驾车或乘车出行中没有养成系安全带的良好习惯，甚至把系安全带当成了负担，只有遇到警察时才勉为其难、装模作样地在身上扣一下，敷衍塞责之状可以想象。面对居高不下的道路交通事故死亡率和居低不上的安全带使用率，那句"命运掌握在自己手中"的哲理名言，最现代的注解就是——忽视安全带等同于忽视生命。

一个夏夜，京承高速公路出京方向 3.5 公里处发生一起特大交通事故，一对衣着时尚的青年男女因开车时未系安全带而双双身亡。

司机肖亮（化名）的父亲是一位做服装生意的商人，从小家里对他疼爱有加。因为父亲平时工作忙，也没有太多的时间照顾他，在肖亮 20 周岁生日那天，父亲就把一辆红色的"法拉利"跑车送给他作礼物。火红的车身、强劲的动力，使肖亮对这辆车非常喜欢。不久后的一天，肖亮在一个时装博览会上认识了年轻的女模特小艾，其美丽的脸庞、高雅的气质深深地吸引着他。随后，两个人越聊越投机，当天晚上，肖亮就约小艾一起共进晚餐。在第一次愉快的晚餐过后，为了增加点气氛，肖亮向女孩提议道："咱们一起开车去兜兜风吧！""好啊！"女孩兴奋地回答道。在茫

不系安全带二人从车内被甩出

茫的夜色中，火红色的跑车驶上了京承高速公路，伴随着大功率发动机欢快的轰鸣声，两个人尽情享受着速度的快感。不知不觉中，车速已经达到了280公里/时。小艾不禁有点害怕了，说道："太快了，太快了，你开慢点吧！"肖亮把脸转向右侧一笑："我的技术你还不放心吗？"可就在他转头的一瞬间，因车速太快，车辆瞬间跑偏了方向，一下子就撞在右侧护板上，随即侧翻进了路沟……

交通民警迅速到达了现场，借助勘查灯的灯光，事故现场很快就清晰地呈现在众人面前。民警粗略估算了一下，从高速公路中间车道的第一条汽车制动印算起，车辆在地面上留下了多条不规则、颜色深重的轮胎划痕，延续长达260多米远。再往前看，道路上有一处右侧隔离护栏被撞击脱落。在路边的深沟里，一辆红色的"法拉利"跑车四脚朝天"躺"在沟里，在车前方10多米和车后方20多米远的地方，有两名衣着时尚的青年男女分别平静地躺在那里，浑身沾满了鲜血，二人均已死亡。民警在随后的现场勘查中发现，二人的死亡原因是，均未系安全带，被车辆甩出后摔伤致死。尽管当时车速非常快，但这辆新款的单开门式红色"法拉利"跑车，在经历了螺旋前冲、撞击金属护栏和跌入深沟等一系列巨大的撞击之后，车本身没有受到多么大的毁坏。特别是在车辆侧翻、气囊全部弹开的情况下，该车的前风窗玻璃居然都没有破碎，可见这种车比较结实。如果二人系上安全带且不被甩出，很有可能保住性命。

以上说的是一个不系安全带致人死亡的事故案例。下面说一个系安全带保住驾驶人和乘车人性命的案例。

一个下午，京哈高速公路发生一起车辆侧翻的交通事故。民警到现场后一看，心里立刻就凉了半截。只见在高速公路的跨线桥处，一辆黑色的"速腾"轿车翻入路边 4 米多深水泥砌筑的排水沟里，车的前脸基本上被撞毁了，前风窗玻璃完全破碎，两个气囊也已经打开，显然是在高速行驶状态下遭受到了巨大的撞击力，车上的人肯定没救了！可就在几十米以外，一对青年男女互相搀扶着斜坐在沟边上，过去一问，竟然是"速腾"的车主。开车的男青年腿骨折了，前排乘客座上的女乘客头皮轻微擦伤，都没有生命危险。原来，这小两口都是东北人，刚结婚不久，准备开着亲戚的车回家过元旦，因为一路上尽顾着聊天，还没出北京，一不留神就出事了。后来小伙子在上救护车前说的一句话让人感触颇深，他说："不瞒您说，警察大哥，要不是上次因为我没系安全带被交警罚，我俩还真想不起系这玩意儿，真是安全带救了我俩的命啊！"

放心吧，这技术没问题！

咱们把安全带系上吧！

应注意，行车中必须系好安全带

真可谓"小小安全带——维系生命之带。"大量的事实证明，安全带是驾乘者的生命所系，忽视安全带就等同于忽视生命。因此，严格遵守《中华人民共和国道路交通安全法》中**"机动车行驶时，驾驶人、乘坐人员应当按规定使用安全带……"**的规定，对于保护生命是非常重要的。

现在我国道路交通安全法对于不系安全带有着明确的处罚规定，即在城市快速路和高速公路，驾驶人不系安全带要被处罚100元，记2分，在高速公路和城市快速路以外的道路上行驶时，驾驶人不系安全带要被处罚50元。另外，乘车人也要系上安全带，如违反要被处20元以上200元以下罚款。

第4课

心态失衡勿驾车

敬 告
驾驶人

夫妻**共把**方向盘，家庭和睦促安全。
出车之前心要静，怄气开车实在悬。
一旦车祸出人命，叫天不应挽回难。

　　应当讲，良好的心态是安全行车的重要保障。当驾驶人心态失衡，表现出焦躁、悲伤或是心烦意乱的时候，注意力不集中，极易导致对路面上的险情不能作出及时、准确的判断。经验证明，心态失衡已成为交通事故的一大诱因。

　　"这日子你还过不过？要不过，咱俩就离婚算了！""离就离，我还怕你不成！"随着"啪"的一声摔门声，华师傅手里紧攥着车钥匙，气哼哼地从家里走了出来。熟悉他们的邻居知道，这准是老华又和媳妇吵架了。原来，华师傅自一年前从一家工厂下岗后，就开起了出租车谋生。老华的妻子在一家百货公司工作，夫妻俩每日早出晚归、辛辛苦苦，家里的一个孩子正在读高中。老华的妻子是个脾气比较倔强、较真儿的人，这几天，为了一点家务事，一直和老华在怄气，闹着别扭。这天晚上，老华收车回家后，媳妇还是在絮絮叨叨。老华开了一天车很累，又加上白天出车时跟别人剐了车，耽误了拉活儿，一天的份子钱都没挣足，听媳妇絮叨就来了火。二人你一言，我一句，互不示弱。吵着吵着，老华一气之下摔门从家里就出来了。干什么去呢？他下楼起动了车，决定开车出去散散心，顺便找个饭馆吃点饭，因为他一天还没吃饭。此时，老华的情绪还非常激动，越想刚才家里的事就越生气，心里不住地犯堵。从望京出来，他把车开上了京顺路，然后又到了酒仙桥，晚上 11 点多，当老华开车行驶到将台路一路口时，车刚拐过弯，忽然有两名骑自行车和两名骑小三轮车的人出现在了他面前。由于车速太快，老华躲闪不及，将四个人撞倒在地，其中一名骑车人被当场撞死，其他三人不同程度受伤。

夫妻二人怄气吵架彼此心情不愉快

这起事故，老华不仅支付了赔偿金，被吊销了驾驶证，而且还被判处有期徒刑两年。

下边这起事故也比较典型，王鹏（化名）两年前和几位朋友共同出钱开了一家饭馆，王鹏的妻子在饭馆里当财务，日常有十几个伙计支应着，生意一天比一天做得好。但是，平日里王鹏和妻子因家务事，总少不了拌嘴吵架。这天晚上 9 点多钟，二人又吵起来了。王鹏的妻子一气之下开车就走了。待了一会儿，王鹏从厕所回来，发现妻子不见了，就问别人她去哪了。旁人说她刚开车走，奔东五环去了。王鹏不放心，连忙开车去追妻子，他一边开车顺东五环由北往南追着，一边给妻子打电话，但妻子就是不接。妻子越不接电话，他就越不放心，加大了油门向南追去。

　　此时，王鹏的妻子正开着车，怄着气，向南疾驶着。回想起这几天发生的事，她越想越生气。手机响过多少次，她就是不接。五环路作为北京道路的一条主干线，一到晚上车流量相当大，特别是一些外地大货车比较多。当他的妻子开车由北向南高速行驶至五方桥时，前方出现一辆外地拉煤的大货车，车大、质量重，行驶得比较慢。他的妻子由于精神涣散，判断失误，驾驶车辆在

妻子开车撞上前车尾部，车毁人亡

疾驶中一头撞到大货车尾部，当即身亡。十分钟后，当王鹏开车追到这一地点时，看到的是车毁人亡的惨景。

"患生于忿怒，祸起于纤微"。这两起事故案例告诫我们：在心态失衡时驾驶车辆最容易造成注意力不集中，容易走神，因此驾驶车辆时要尽量保持一个良好的心态，当生活中遇有矛盾、心烦意乱或不顺心的时候，最好不要开车，更不能把车辆作为宣泄情绪的工具，否则发生事故于己、于家庭、于社会都不利。

第5课

行车中"小动作，大危害"

敬 告
驾驶人

拨打手机或抽烟，行车事故难避免。

动作再小危害大，悲剧发生一瞬间。

劝君莫做**小动作**，规范驾驶保平安。

　　在许多机动车驾驶人当中，开车打手机、抽烟、吃东西等一些影响行车安全的现象还比较普遍。这些事情看起来很小，但这些不经意间的"小动作"时常成为引发重大交通事故的根源，造成相当大的危害。

　　一天早晨7点多，太阳刚刚升起。李江明（化名）驾驶着崭新的"宝来"小客车，行驶在京承高速公路进京方向的路上。刚过后沙峪出口，小客车突然一头撞向了道路左侧的中心隔离护板，在巨大惯性的作用下，小客车在道路中间转了两个圈后，车头又重重地撞在了道路右侧护板上。"宝来"车严重损坏，李江明也因伤被送进了医院，经诊断为急性闭合性颅脑损伤，生命垂危，经医院奋力抢救才保住了性命。事故现场一片狼藉，保险杠、机械零件、漆皮纷乱地散落在三条车道上。在勘察过程中，民警没有发现李江明的车与其他车辆有接触过的痕迹，车辆轮胎也基本完好。为什么在道路视线良好的环境中会发生如此重大的交通事故呢？带着疑问，民警首先对李江明进行了酒精检测，结果李江明体内酒精含量为 0。在对李江明妻子的询问中了解到，李江明是市区一所医院的主任医师，平时很少喝酒。出事的前一天，他带着家人到密云的亲戚家串门，因为天色渐晚就留住在密云，晚饭时李江明也没有喝酒。他还对妻子说："我明天值班，早上就走，你跟孩子多睡一会儿，下午再坐长途车回家。"当日晚上 10 点左右，李江明就上床休息了，第二天早晨 6 点起床后开车去丰台上班。酒后驾车的因素也不存在，那到底是什么原因引发的这起事故呢？民警百思不得其解。

由于李江明处于昏迷状态，无法对其进行询问，民警决定再次勘察他所驾驶的车辆，希望能从中找到蛛丝马迹。眼前的"宝来"车，整个车体已经面目全非。经过仔细勘察，民警在车内前排乘客座底下找到了一部手机。经李江明妻子证实，这部手机正是李江明所用。通过查看通话记录，民警发现这部手机在发生事故前的最后一个未接来电显示时间是早晨 7:09，这个时间仅比事故报警时间早约 3 分钟，且未接来电号码正是李江明所在单位的电话号码。民警又来到李江明的单位调查，一位姓郝的医生回忆：老李出事当天早晨，有一位患者需要做手术，所以给他拨打了手机电话，但他没有接听，后来才听说他在早晨出了交通事故。

过了七天后，李江明苏醒了，经过民警耐心地询问，他终于说出了实情，原来事发当天，李江明在开车前，随手将手机放到前排乘客座上。当行驶到后沙峪出口时，手机突然响了起来，当他正要接听时，不慎将手机碰掉在前排乘客座下，于是他用左手扶着方向盘，右手去捡手机，这时车子突然向右跑偏了，他下意识地向左回了一把方向，结果小客车一下就撞到了道路中心护板上，接下来发生的事情他就回忆不起来了。至此，事故的真相终于明了。李江明颇有感触地说："人的一生可能会犯很多次错误，但生命只有一次，行车中犯下再微小的错误，都有可能要付出生

驾驶车辆时不应有"小动作"

命的代价。我今后一定会把这次经历告诉周围的亲友——驾车时一定要集中精神，遵守法规，珍惜自己和他人的生命。"

分析这起事故，我们应当汲取这样的教训：在驾车过程中一定要精力集中，绝对不能做打电话、吃东西、吸烟等有碍交通安全的动作。对此，《中华人民共和国道路交通安全法实施条例》第六十二条第三项和《中华人民共和国道路交通安全法》第九十条规定：驾驶机动车不得有**"拨打接听手持电话、观看电视等妨碍安全驾驶的行为"**，若违反这条规定，违法司机将会受到罚款 200 元，记 3 分的处罚。

第 6 课

跟随车辆"八不宜"

敬 告 驾驶人

跟车行驶八不宜，条条句句要牢记。
行驶速度掌控好，车距过近为大忌。
为防追尾出事故，安全驾驶不麻痹。

　　跟车很讲学问，即便是一名有多年驾龄的老司机，也应该多掌握一些这方面的常识，有效提高行车的安全系数。

　　提示：

　　下面重点介绍一下跟车"八不宜"的常识。

　　1. 重型车跟空载车不宜近。空载车自身较轻，行驶惯性小，制动效果好，重型车跟得太近，如果前车采取紧急制动，后车极易发生追尾事故。

　　2. 重型车跟轻型车不宜近。轻型车自重轻，加速快，制动性能比重型车好，重型车跟轻型车太近，也容易发生事故。

　　3. 越野车跟小客车不宜近。小客车车身离地面间隙小，行车中稳定性、制动性能比越野车好，如果跟车太近易发生险情。

　　4. 面包车跟小客车不宜近。小客车提速快、车况好、制动性好、安全系数高，如果面包车跟小客车太近，易发生意外，人车两伤。

　　5. 旧车跟新车不宜近。新车各种性能均优于旧车，特别是制动性能，如果跟车距离过近，旧车制动性差，制动距离长，极易发生追尾事故。

6. 摩托车跟汽车不宜近。摩托车两轮行驶，车体较轻，稳定性较差，紧急制动时易跑偏，特别容易发生严重事故，因此不宜跟车太近。

7. 汽车跟拖拉机不宜太近。拖拉机由于自身为农业机械，技术性能、车况等方面的差异就决定了跟它太近，易出意外。

8. 小型车跟大型车不宜近。若跟车太近，致使逆向行驶的车辆在与大型车会车时很难发现小型车的存在，极易发生撞车事故。如果小型车突然超越前面大型车时，也极易与对面行驶来的车辆发生事故。

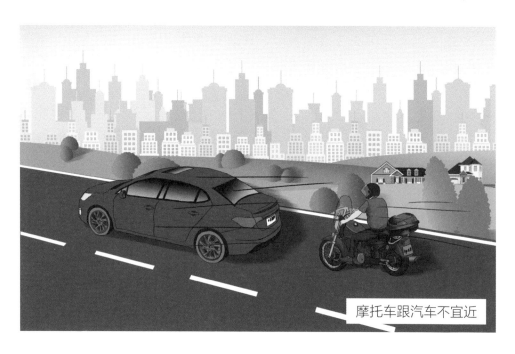

摩托车跟汽车不宜近

头盔的保护作用不可小视

敬告驾驶人

摩托骑手莫大意，上路行车讲规矩。
一要车速把控好，不超速来不乱骑。
二要头盔佩戴好，防止出事命归西。
安全二字牢牢记，交通事故远离你。

近些年，每年我国发生的道路交通事故中，因电动自行车和摩托车驾驶人不佩戴头盔而死亡的交通事故数量占有相当大的比例。

电动自行车和摩托车作为一种现代的交通工具，快捷轻便深受人们的喜爱，但其与汽车比较起来安全性差，行驶中一旦发生事故，驾驶员的头部极易受到致命伤。为此，《中华人民共和国道路交通安全法》专门作了规定，要求电动自行车和摩托车驾驶人上路行驶必须戴头盔。但现实生活中，因不戴头盔而致电动自行车和摩托车驾驶人在交通事故中死亡的案例举不胜举。

"一个成年人死在了一栋两层的自建房里，身边的财物在6天之后才被人发现，是意外，还是他杀，这个故事发生在江苏省的某县，最终的真相令人唏嘘。"这是2022年1月16日中央电视台《今日说法》栏目，以"最后一条信息"为题报道的一个故事。

让我们还原一下这个故事。2020年6月23日，家住在江苏省某县的老李夫妇有些不安,二儿子李春(化名),已经连续 6 天没和他们联系了。这几天孩子的手机一直关着,李春的父亲打了几次一直没打通,他想可能儿子在上班,单位不让开手机。

李春今年快 30 岁了,刚入职沭阳县一家健身房,做游泳课的实习教练。由于下班时间比较晚,他和父母亲没有住在一起,而是独自居住在自建的两层楼内,离父母家有一两公里。

李春父亲想孩子究竟怎么了?打电话也不接。这次的情况有些反常,平时虽说孩子不是天天回家,可即便不回家,李春也会给父母打个电话。儿子的反常引发了父母的担忧,夫妻俩决定到儿子住处看看去,顺便送点吃的,帮儿子收拾一下屋子。

一到儿子的住所,李春的父母就觉得不对劲了,连喊了几声,儿子都没反应,整个屋子里死气沉沉。夫妻俩连忙上了二楼推开卧室门,眼前的一幕差点让老李夫妻俩晕厥过去,什么话都说不出来了,他们看到儿子躺在地上,毫无声息,儿子怎么会突然死了呢?夫妻俩悲痛万分,赶紧报了警。

警方在进入现场之后,刚到一楼通道处,就闻到一股刺鼻浓烈的尸体腐烂味道。

一位民警跟同事到达卧室,发现地上躺着一具男性尸体,已经高度腐烂。据法医现场初步分析,死亡已经有 7 天时间。

法医对尸体整个体表进行检验,发现小腿处有一块大概四五厘米长的擦伤。在法医进行简单的检验之后,将尸体送到南京司法鉴定所做进一步鉴定。

办案民警里里外外,对这栋独立的二层自建房进行了细致的勘查。发现所有门锁都是完好的,门窗也是关闭的,还有一辆两轮电动自行车当时还在充电状态。李春的卧室里东西摆放整齐,表面上看没有人翻动过。根据现场痕迹,死者死亡前的姿势,应该是坐在电脑前的,而后高度腐烂的尸体从电脑椅上倒下来。

随后几天，办案民警决定从李春的社会关系着手，展开深入调查。李春的父母介绍说："自己有两个儿子，李春是二儿子，兄弟俩感情很好。李春虽然没结婚，但是个安分守己的老实人，他不可能有什么麻烦，招来杀身之祸。"

李春的妈妈患有脑血栓，有时间李春就做饭给他的父母吃。李春当过厨师，很孝顺，也不喝酒。附近的邻居反映李春是个好孩子，本分实在，见到谁都主动打招呼，和村里任何人都没闹过矛盾。

李春所在单位的同事们对他的印象都很好。同事说："没事时，我们经常一起吃饭聚聚，各方面都挺好的，李春为人挺老实的。"

在走访李春单位时警方得到一条重要信息，健身房的同事拿出了和李春的聊天记录，几天前，李春曾经向主管请假，称他自己身体不舒服需休养几天。这一聊天记录显示的时间为2020年6月17日23点41分，主管还说，当时视频时，注意到李春的鼻子正在出血。

警方判断，如果当时李春的头部被他人重击，那李春有充足的时间报警，也有充足的时间打电话告诉他的同事和父母，但李春没这么做，而李春与同事聊天结束的时间和李春电脑页面上显示的网游时间是相同的时间段。这说明李春最后临死时，是在电脑前玩游戏，身体慢慢失去意识的，从李春死亡的姿态来看，他并不知道死神已经慢慢逼近。

警方由此推断出了一个大胆的假设：李春的头部如果不是被人击打的，很可能是自伤的，有人提出可能是车祸导致的。警方组织警力，对李春当晚的电动自行车行驶路线进行了全面排查。李春工作的健身房距他自己的住所有30公里远，警方调取了沿途所有监控录像，从他当晚21点35分下班，骑电动自行车从健身房出门，到回家的行驶路线的各个监控录像逐一进行摸排，终于查找到了一条重要线索。当晚天下着大雨，又刮着风，李春在风雨中快速骑着电动自行车往家赶，他穿着一件蓝色雨衣。当电动自行车于 22 时 25 分行进到沭阳万桑路与万匹乡乡政府的交叉路口地段时，由于刮风、下雨加上天黑视线不好，李春的电动自行车硬生生撞在一辆在路边停着的大货车车尾部，李春因为没戴头盔，头部受伤很重，凭着年轻，他忍着痛离开现场，摇摇晃晃骑上电动自行车，勉强回到家里。

2020 年 7 月 14 日，经南京相关司法鉴定所鉴定，李春的尸检结果出来了，李春系钝性外力致颅脑损伤，颅脑出血死亡。

后经警方深入调查，终于在山东查找到了当时在路边停着让李春撞上的那辆大货车。大货车司机讲：当晚 20 时左右，雨很大，视线不好，加上开了一天车有点累了，他顺便把车停在路边一个车位上，打算休息休息再走，不一会就睡着了，直到凌晨 4 点才醒，之后雨也停了，他就开车回了山东。地点、时间与案情都对上了。警方随即在这辆大货车尾部后保险杠部位提取了油漆样本。经江苏省公安厅刑警总队物证鉴定：这辆大货车的红色油漆样本成分与李春电动自行车前照灯部位和他的雨衣上的油漆痕迹成分完全一样。

至此，这起扑朔迷离的案件终于水落石出。警方原来的推断在这里得到了证实。2020 年 6 月 17 日 22 时 30 分左右，李春骑着电动自行车，由于天黑雨大，视线不好，不小心撞到路边停放的大货车尾部，随后，李春并没有意识到问题的严重性，他强忍着疼痛骑着电动自行车回到了家中，可能为了缓冲一下疼痛，他打开了电脑玩起了游戏。其间，李春还不忘给单位主管发微信，向单位请了假。

2020 年 7 月 21 日，沭阳警方对这起事故作出责任认定，李春驾驶二轮电动自行车未佩戴头盔，夜间雨天对路面情况疏于观察，未能保证安全，是造成此次交通事故的主要原因，负主要责任。大货车司机王利（化名）驾驶机动车，夜间雨天，在停车场以外的道路临时停车时，未按规定开启灯光，妨碍其他车辆通行，是造成此次事故的部分原因，认定大货车司机负事故的次要责任。

事故原因查清了，老李夫妇非常感激警方出警迅速，帮助他们查明了真相，但教训无比深刻，让一个家庭永远陷入无尽的痛苦之中。

骑电动自行车不戴头盔后果严重

一个不带头盔，看似不起眼的小事，却让一个年轻生命永远停止在了 30 岁的休止符上。

在此提醒大家，不管是电动自行车驾驶人，还是大货车驾驶人，在道路上一定要严格遵守相关法律法规的规定，特别电动自行车驾驶人出行时一定要戴好头盔，确保自身和他人的安全。

第8课

车辆起步环顾看

敬　告
驾驶人

车辆起步不简单，预防事故想在前。
胡同街巷闹市区，儿童玩耍很常见。
上车之前细观察，车前车后环顾看。
多加小心没亏吃，小心驶得万年船。

在日常生活中，许多驾驶人习惯于上车之后起动了车就走，忽略了车辆起步前要看一看周边情况这一必要环节，而很多事故往往就发生在这一疏忽之中。

一天上午，李致鸿（化名）开着自己的"福田"货车准备出门办点事。行驶中发现车右后轮胎有点瘪，便找到了孙老板开的修车店。孙老板和妻子两人从河南来北京谋生已经十来年了，由一开始给别人打工，到慢慢有了点积蓄，在朝阳区东坝开了一个汽车修理店。虽然说每天的买卖不是特别红火，但是比起打工的时候强多了。自己又修车又补胎，媳妇料理家务，小日子过得比在老家不知强了多少倍，令周边老乡们很羡慕。三年前，孙老板和妻子得了一个儿子，给家里更平添了不少乐趣。

一天，孙老板的妻子出门买菜去了，孙老板正在屋内给孩子喂饭。"有人吗？出来打点气！"孙老板连忙放下孩子，从屋里出来。就在给车辆打气的过程中，孙老板3岁的儿子也从屋里跑了出来，到"福田"车前玩耍。司机李致鸿则坐在一旁，边抽烟边打手机联系别的事。一会儿工夫，气打完了。李致鸿由于事急，扔给老板两块钱后，急匆匆打开车门，发动了车辆挂挡就走，而没有注意车前面有孩子。在车子向前行驶的一瞬间，孩子被辗轧在车轮下。李致鸿和孙老板见状，急忙将孩子送到医院抢救，虽然李致鸿花了几万元的抢救费用，但孩子最后还是因为伤势过重，不治身亡。

广大驾驶人在车辆起步前，一定要注意观察车辆前后左右的情况，尤其是在车辆停放了一段时间、人员又稠密的地点，更不能忽视这一点，做到谨慎驾驶，防患于未然。

小心"飞车"伤害人

敬 告
驾驶人

空中飞车突降临，无辜司机遭不幸。
选择车道要注意，内侧车道勿长行。
莫让悲剧再重演，前车之鉴要警醒。

近几年，在北京的环路或高速公路上，经常发生汽车在正常行驶中被对面"飞"过来的车辆砸中，导致车毁人亡的重大事故。这种事故由于意想不到，加之双方车辆行驶速度相对较快，一旦发生，后果非常严重。那么这种事故怎样才能尽量避免呢？下面列举的两则案例，希望能警示交通参与者，让广大交通参与者从事故惨痛的教训中得到一些启示，增加一些防范意识。

老文年近50岁，是一位有30多年驾龄的老司机。他18岁当兵，就在部队开车，转业到了北京某单位后，又一直从事驾驶员工作，成为单位仅有的五名专职司机之一。在30多年的驾驶经历中，老文开车基本上没出过什么差错，不仅从来没有发生过交通事故，就连因交通违法受到交警处罚也很少，几乎年年被区交通安全委员会评为"模范驾驶员"，取得过不少"安全驾驶先进标兵"称号。坐过老文的车的同事都这样评价："老文不仅车开得稳，为人也十分谦和。"

老文除了在单位口碑比较好外，还有一个幸福美满的家庭。

妻子在一家公司当会计，女儿就读于河北省廊坊市某大学。每年寒暑假后，都是老文开车拉着夫人，一同陪孩子返校。

一个星期天的下午，孩子休完暑假要返校了，正赶上老文休息，老文像往常一样，开着一辆"索纳塔"小客车，拉着老伴，带着孩子，驶上了去往廊坊的京津塘高速公路。一路上，一家人兴高采烈地聊着假期里游玩的趣事，享受着难得的惬意，欢乐的气氛洋溢在车厢里。车子沿着高速公路向前飞驰着……

此时，北京某文化传媒机构的一辆"别克"小客车，正顺着京津塘高速公路进京方向由南向北行驶着。车上坐着该单位的一位领导，姓容叫容靖（化名），和一名司机小王，他俩刚刚从天津办完事往回赶。在此次天津之行的两个月前，容靖刚考取了驾驶证。此时，看到高速公路上视线比较好，车也不算多，他想趁机在路上练练手。"小王，你歇会儿我来开开。"因为容靖是领导，司机也不好意思拒绝，便将车停了下来，两个人互换了位置。在行驶中，容靖开得越来越快，以130公里/时的速度始终沿着高速公路的快行车道向前飞驰。这时，受右侧一辆疾驰而过的车辆的影响，容靖由于经验不足，车辆突然失控，车身先是撞到了道路中心隔离护板，紧接着冲破中心隔离带，径直翻滚到了道路对向车道……，此刻，正赶上老文的"索纳塔"小客车从相对方向的第一条车道高速驶来。"铛"的一声巨响，横祸从天而降，翻滚过来的"别克"车砸在了老文驾驶的小客车车顶上。两辆高速行驶的汽车砸撞在一起，后果是可想而知的。老文和老伴、女儿三人当场身亡，"索纳塔"车成为一堆废铁。"别克"车上的容靖和小王也当场死亡。仅仅一瞬间，五条鲜活的生命消失了。

应当引起大家重视的是，在日常生活中，这样的交通事故是比较多见的。几年前在北京曾接连发生过两起这样的交通事故，一起发生在南五环，一辆重型大货车由西向东行驶时，由于和同方向行

对面"飞车"砸中无辜车辆

驶的一辆小客车发生剐蹭事故，大货车失控后翻到了马路对面，接连砸撞了4辆小客车，造成7人死亡。

另一起事故发生在首都机场高速公路上，当时一辆满载20多名乘客的大客车，在行至机场高速公路进京方向苇沟桥附近时，因雨天路滑，大客车突然失控翻过高速公路中央隔离护栏，将对面快行车道上一辆高速行驶的黑色"别克"商务车砸扁，造成"别克"车内1名乘车人和大客车内1名乘客当场死亡，另有2人重伤，19人轻伤。

上面所列举的，都是正常行驶的车辆意想不到地被对面侧翻过来的车辆砸中，致人员无辜死亡的事故案例。那么，有没有办法预防对面"飞车"的事故呢？答案是肯定的。

作为一般安全常识来讲，车辆在高速行驶中，应当尽量在第二条车道行驶，不要长距离走最内侧车道。例如高速公路，大都设有中心绿篱，按照安全视距来讲，实际上在驾驶人的左侧已经形成了视线的盲区，看似很安全，其实对对面车道的情况无法判断。一旦对面车道发生事故，有车辆翻滚过来，将会使驾驶人猝不及防，没有一点躲避的余地，再有经验的驾驶人，也没有办法。为此，提示广大驾驶人，从确保安全视距的角度考虑，在高速行车中，要尽量走在第二条车道上，这样可以将两侧的情况纳入你的视线之内，一旦有情况，能尽可能多争取到一点反应时间。

第 10 课

抛锚车——"隐形杀手"

敬 告
驾驶人

车辆抛锚莫大意，处置措施要得体。
三角标牌码到位，开启双闪不忘记。
车内不是**避风港**，驾乘人员速撤离。
马路修车藏危险，立即报警是正理。

　　常在路上跑，车辆"抛锚"是常有的事。遇到这种情况，许多人都显得经验不足，束手无策。作为一名驾驶人，应当懂得，在车水马龙的路面上，对抛锚车应当按照《中华人民共和国道路交通安全法》的相关规定进行处置。否则，驾驶人一个小小的失误，随时都可造成车毁人亡的悲剧。

　　21 世纪初，在一个秋末的夜晚，忙碌了一天的丁兰（化名）正驾驶着一辆"夏利"车由南向北行驶在城区的环路上。这几年，丁兰的公司效益不错，每年公司都有颇丰的收益。这对于一个在"商海"里拼搏了 20 多年的民营企业家来说，不能不说是一件令人欣慰的事。随着效益的好转，公司又添了两辆车。丁兰虽然已年近五旬，但最近也考取了驾驶证，为的是出入更方便一些。由于是刚考取的驾驶证，驾驶技术不够熟练，她专门挑了公司一辆"夏利"车开着。一来是"夏利"车车身短，倒车入库方便，二来是想先练练手，然后再换辆"宝马"开开。一天晚上，由于业务忙，她晚上 10 点才从公司出来，当车由南向北行至四惠桥上时，"夏利"车突然熄火了，怎么鼓捣就是起动不了。怎么办？丁兰连忙拿起手机，给丈夫打了个电话。丈夫问："怎么了？车坏在哪了？""可能是四惠桥吧。"也许是听到爱人车坏的消息后过于着急，也许是大意，丈夫也没多问什么，只是说："你等着，我一会儿就到。"放下电话后，丁兰的丈夫急匆匆从海淀开车向东四环赶去。此时，丁兰随手从车内拿出一个灭火器放在了车后面，然后因天冷，坐进了车里等候着丈夫的到来。

老公，我的车坏了，怎么也起动不了！

汽车出故障后，人员要撤离

这条环路是一条交通主干道，交通流量相当大。过了十多分钟，悲剧发生了。一辆大吨位货车行驶到"夏利"车所在的位置时，由于车速过快，加上超载、夜间视线不好等原因，刹车不及，将"夏利"车撞出去几十米远。车被撞毁了，丁兰当场身亡。当丁兰的丈夫几十分钟后赶到四惠桥时，看到的是一幕惨烈的事故场面，妻子刚刚还和自己通话，现在转眼间却消失了，丁兰的丈夫真是悲痛欲绝，后悔少说了一句话，没有让妻子离开车辆，到路边等着去。

大货车撞上"抛锚车"

事后，大货车司机因超载、超速、走禁行线等违法行为，被公安交管部门判定负此次事故的主要责任，不仅吊销了驾驶证，支付了赔付款，还被判处有期徒刑一年；受害者女司机因车辆发生故障后，未按照规定采取安全措施也被判定负有次要责任。生命是宝贵的，因一点小小的失误造成鲜活的生命瞬间即逝的悲剧，实在令人惋惜！

下面再向大家讲述一个事故案例，这起事故被撞而亡的司机是一位年仅 29 岁的小伙子。小伙子姓金，八年前，他父母用自家全部的积蓄给他买了一辆大货车，他从此跑起了个体运输。自打干上了这一行，小金依靠坚韧的性格和辛勤的付出，每年的收入都在数十万元。父母身体健康，家庭和睦，让小金对今后的生活充满了希望。

一天，当小金驾车由南向北行至京津塘高速公路马驹桥附近时，意外发生了，随着一声爆响，大货车的左后轮发生爆胎，车辆被迫停在了主车道上。小金连忙下车检查，发现左后轮两条轮胎中有一条爆裂。小金想把车挪到路边，却又担心车重把另一只轮胎辗坏了。"一只轮胎得上千块钱呐！"小金舍不得。他仅在车后 20 米远的地方摆了一个警告标志，然后就支起了千斤顶，原地换起轮胎来。疾驰而过的汽车从他身边驶过时，他全然不顾，"安全"二字已经被忘得一干二净。当他把坏的轮胎卸下来，绕到车后取备用轮胎时，一辆"帕萨特"小轿车从车后方驶来。由于警告标志摆放的距离太短，"帕萨特"车司机来不及采取措施，小轿车像子弹一样直接撞到了大货车尾部。瞬间，"帕萨特"车严重损坏，司机受重伤，小金也被挤撞在了大货车后部，当场死亡。小金的父母在得知儿子发生车祸的噩耗后，精神受到了严重刺激，一夜之间两鬓斑白。而"帕萨特"车司机也因为这次车祸双腿截肢，他年仅 31 岁，大学毕业，在一家单位任部门经理，有着一个温馨的家庭，还有一个 3 岁的可爱女儿。这起事故直接导致了两个幸福家庭的破碎。

"患生于所忽，祸起于细微。"以上两起事故，都是因为车辆抛锚后司机采取措施不当而引发的。第一起事故的教训是，女司机在车辆发生故障后不应该坐在车里等候救援，而应该尽快码放警告标

不该把马路当修理厂

马路上修车导致车毁人亡

志，打开车辆的危险报警闪光灯、示廓灯，并到马路边上避让；第二起事故的教训是，司机除了没按规定距离码放警告标志外，更不应该把马路当作"修理厂"就地修车。

关于故障车如何处置，道路交通安全法律法规都做出了具体的规定，概括地讲，有以下四个方面。

一是故障车可以移动的，《中华人民共和国道路交通安全法》第五十二条规定："驾驶人应当立即开启危险报警闪光灯，将机动车移至不妨碍交通的地方停放"，夜间还要开启示廓灯和后位灯。

二是故障车难以移动的，《中华人民共和国道路交通安全法》第五十二条规定："应当持续开启危险报警闪光灯，并在来车方向设置警告标志（俗称三角牌）等措施扩大示警距离，必要时迅速报警。"另外，《中华人民共和国道路交通安全法实施条例》第六十条和《中华人民共和国道路交通安全法》第六十八条对警告标志的设置距离规定：一般道路"在车后50米至100米处设置警告标志"，高速公路"应当设置在故障车来车方向150米以外"。

三是关于人员撤离车辆，《北京市实施〈中华人民共和国道路交通安全法〉办法》第四十七条规定，一旦车辆发生故障，"除抢救伤员、灭火等紧急情况外，驾驶人、乘车人应当迅速离开车辆和车行道"，以防止被其他车辆撞伤。

四是对于在高速公路上的故障车，除按照相关规定处置外，《中华人民共和国道路交通安全法》第六十八条还有规定："机动车在高速公路上发生故障或者交通事故，无法正常行驶的，应当由救援车、清障车拖曳、牵引。"

第11课

安全视距不容忽视

敬　告
驾驶人

路口起步不争雄，要与邻车并肩行。
视线盲区不能忘，胡同车站应慢行。
安全视距作保障，万里行车永安宁。

　　这里所说的安全视距，指的是驾驶人在行车中从发现路面异常情况到采取措施避险所需的视线范围。它包括两个方面：一是道路前方的纵向视距；二是道路两侧的横向视距。对于有经验的驾驶人来讲，在行车中会时刻保持一定的安全视距，以随时防范突然情况的发生。但也有不少驾驶人，特别是刚刚学会开车的新驾驶人，对此知之甚少。根据大多数驾驶人的经验：在开车过程中，一般车速下应保持50米的安全视距；高速行驶，特别是在高速公路行驶，应至少保持150~200米的安全视距。如果能做到这一点，可以避免许多险情，减少许多交通事故。否则，险情则随时都有可能发生。

　　一天清晨，韩军（化名）6岁的儿子突然发高烧，正巧这天孩子的妈妈不在家，这可把年轻的父亲给急坏了。因为平时没有带过孩子，韩军分不清该给孩子吃什么药、应该如何照顾他，急得像热锅上的蚂蚁一样团团乱转。韩军简单地给孩子披上一条毛毯后，就开着"速腾"小客车准备带孩子到市区的"儿研所"去看病。这时正值上班高峰期，路上车流量很大，各式各样的大车、小车，全都深陷在长长的"车龙"里动弹不得。韩军心急如焚，为了再快点，他依靠娴熟的驾驶技术和对路况的熟悉，想尽办法左冲右突，一会儿在这儿加个塞儿，一会儿又从那边的非机动车道"嗖"地一下超了过去，像"盘八字"一样在车队中飞速穿行。车子很快开到了四环路的跨线桥下。"唉，真背，又变红灯了！"望着桥下路口的信号灯，韩军拍打着方向盘，自言自语地抱怨道。在他迟疑的瞬间，后方大股车流迅速涌向路口，排成密集而有序的队形。韩军左右张望了一下，发现周围没警察，就把注意力集中在了那条空着的右转弯专用车道上。他轻踩油门，双眼紧盯着信号灯，沿着车道往前缓慢蹭着，丝毫不去理会后车喇叭的催促声。红灯刚一变绿，他立刻加大油门不顾一切向前冲，当车子刚越过停止线的一刹那，韩军左边的一辆公交车突然急刹车，紧接着，一个奔跑的小男孩赫然出现在了他的眼前。"啊，完了！"伴

路口急于起步易发生事故

随着急促的刹车声，"速腾"车将这个男孩结结实实地撞了出去，男孩当场倒地不省人事。周围的群众立刻向韩军围了过来，有的招呼着抢救伤者，有的帮忙打电话报警，一位老大妈则气哼哼地冲着韩军嚷道："这儿有这么多人过马路，你就不知道慢点开，着什么急啊！"望着车里车外两个年龄相仿的孩子，韩军惭愧得无地自容。所幸，被撞的男孩经过医院抢救后很快脱离了危险；韩军自己的孩子后来也在警察的帮助下很快到达了医院。但这起事故给韩军的内心造成了巨大的震动，因为自己一个小小的疏忽，差点亲手毁掉了一条小生命。他此后逢人便说，过路口时可要小心、小心、再小心，要不然出了事就太可怕了。

刘鑫（化名）是南方某名牌大学的高材生，毕业后，为了实现自己的梦想，他只身来到北京一家上市公司工作，成为名副其实的"北漂一族"。因为在工作中勤奋努力、业绩突出，他很快被破格提拔为公司的部门经理，收入也较以往提高了一个档次。利用业余时间，他考取了驾驶证，并贷款买了一辆"马自达"小轿车，每天都开着自己的爱车行驶在上下班的路上。一个早晨，闹铃声把刘鑫从睡梦中惊醒。"坏了，闹铃上错了半个小时！"他赶忙从床上蹿了下来，顾不上洗漱，三步并作两步，下楼开起车直向公司飞奔而去。在路上，一分一秒的耽搁都让刘鑫很担心，担心这一次偶然的迟到，会造成不良影响。转眼间，车子驶入了来广营北路。这是一条单幅路，是交通事故频发的地段之一，也是刘鑫每天进城上班的唯一路线。只要过了这儿，一上五环路，一切就顺畅了。为了再快点，他不住地按喇叭催促前面的车，但再怎么着急，效果都不明显。当车行驶到一公交车站时，恰逢一辆公交车进站，一看这情况，刘鑫没有多想，一把方向就把车"掰"到了公交车左侧，加速超车。但就在"马自达"车即将超越公交车的一瞬间，忽然，一名背着书包的女中学生从他右侧的公交车前向马路对面跑过去。"咚——"几乎来不及采取任何措施，刘鑫的车当场就把这个小女孩撞出了十多米以外，女孩口吐鲜血，当场死亡。在场目睹这一悲剧的人都惊出了一身冷汗，手握方向盘的刘鑫更是吓得面无血色，瘫坐在驾驶室内……

事后，刘鑫被公安交管部门判定负事故的主要责任，他不仅向死者家属支付了巨额赔款，被吊销了驾驶证，而且还被法院判刑入狱。

以上事故都有一个共同特点，即驾驶人都忽视了在行车中保持安全视距的重要性。在城市道路中，交通情况随时都处于变化之中，特别是交叉路口、公交车站和胡同、里巷等车多人多的地点，交通情况十分复杂，各种交通流易形成冲突点和交织点。因此，保持必要的安全视距，对于安全行车至关重要，应当做到"五注意"。

一是注意跟车距离不要过近。《中华人民共和国道路交通安全法》第四十三条规定："**同车道行驶的机动车，后车应当与前车保持足以采取紧急制动措施的安全距离。**"在行驶中，不能紧随前车尾部行驶，要尽量看到前方两个车尾远的距离，防止形成视线盲区。一般情况下，当你前方车辆采取措施后，再到你的大脑反应需要0.75秒的时间，那么，以30公里的时速计算，车辆凭惯性会向前冲出去10.4米；而以50公里的时速计算，就会向前冲出22.8米。

二是交叉路口放行起步时，若左右两侧车辆挡住了视线，不要抢行起步。尤其是行驶到有四五条车道的路口，当你的车处在中间位置时更要注意。应想到，"灯已变，为什么其他车不急于起步，是不是还有行人、自行车在前面横穿呢？"如果不加防备，后果很难预测。

三是在胡同口、绿篱口等视线盲区地带，应注意掌握好车速，控制行车距离。在驾车经过胡同、里巷等窄路时，要保持慢速行驶，随时注意防备前方和侧方的支路、岔口中可能突然出现的车辆和行人。《中华人民共和国道路交通安全法实施条例》第六十七条规定：**"在单位院内、居民居住区内，机动车应当低速行驶，避让行人；有限速标志的，按照限速标志行驶。"**

四是途经公交车站时，极易出现盲区，因此，要随时注意防止有行人为赶公交车而从公交车前面横穿。

五是行车中注意观察骑自行车人的动向。由于有的骑车人缺乏安全意识，骑行中突然截头猛拐的现象比较普遍，这些现象经常让驾驶人措手不及。所以，驾驶人在驾车行经人群稠密的路段时，一定要谨慎慢行，时刻关注骑车人的动向，提防因自行车突然猛拐而导致交通事故的发生。

第12课

大货车右转弯暗藏"杀机"

敬 告
驾驶人

大车右转藏**杀机**，喋血事故令唏嘘。
视觉盲区应警惕，减速避让谓正理。
行人也要牢牢记，右转车旁勿麻痹。

在众多交通事故案例中，大型货运车辆（包括重型专项作业车、重型自卸货车等）右转弯肇事致人死亡的事故屡有发生，这与大型车辆在右转弯时极易形成驾驶人视觉盲区有关。加之大货车右转弯所处路口又往往是自行车集中等候的区域，因此，一旦车辆右转弯发生交通事故，受害者往往是非死即伤。

一天下午4时许，惠惠放学骑自行车回家，由南向北经过东苇路路口时，恰有一辆"斯太尔"牌重型自卸货车由南向东右转弯。大货车的右前部将惠惠连人带车碰倒后，右后轮从她的头部、身体上辗轧过去，造成惠惠当场死亡。而货车司机并没有意识到自己撞人了，在向前行驶出一段距离后，才在路人的拦截下将车停住。整个事故过程被安装在信号灯上的摄像头拍摄了下来。民警在接到报警后立即驱车赶到现场。在事故调查中，民警根据死者书包内作业本提供的信息，前往惠惠上学的学校核实情况。

"惠惠的学习成绩非常好，在班上每次考试成绩总是名列前茅。她从上初一的时候就是班长，历年都被评为我们学校的'三

你轧人了!

大货车右转弯易发生事故

好学生',这孩子将来肯定有出息……"张校长怀着无比惋惜的心情向民警讲述着惠惠的情况。在校长的帮助下,民警见到了惠惠的舅舅。一见面,令人感到惊讶的是,惠惠的舅舅是几年前一起亡人交通事故的死者家属,当年的死者正是惠惠的母亲!

母女双双死于交通事故的事例实属罕见,然而这种残酷的现实正好落在了这个充满苦难的家庭之中。妈妈走后,爸爸没有固定工作,爷爷、奶奶体弱多病,多年以来,正是惠惠以其稚嫩的肩膀努力在支撑着这个家。而惠惠的离去,彻底击碎了全家人唯一的生活希望……

大货车右转弯"暗藏杀机",发生辗轧自行车的交通事故有没有办法避免呢?答案是肯定的。

首先,作为大货车驾驶人要增强安全意识,车辆行驶到路口时,对右侧的自行车注意减速避让,要充分考虑到大型车辆在右转弯时易出现视觉盲区的特点，切不可与自行车争道抢行。否则，一旦发生交通事故，特别是重大交通死亡事故，是要受到法律严厉制裁的，如前文所讲到的"斯太尔"大货车司机，他不仅被吊销了驾驶证，支付了巨额赔款，还被判入狱。需要提示的是，有关部门已研发出了一种大货车右转弯语音提示装置，建议拥有大型货车的单位或驾驶人积极加装，实践证明，这种用科技手段预防事故的做法是非常有效的。

其次，骑车人要多掌握一些大货车右转弯方面的安全常识。据有关部门研究，大型货车，特别是超大型车辆，在右转弯时前轮与后轮之间存在较大的"轮迹差"。这个"轮迹差"一般都在60厘米左右，也就是说，当大货车前轮拐过去之后，其后轮与前轮的行驶轨迹不在一条弧线上。当骑车人处于大货车车身前半部位置时，那么大货车在右转弯时就极易将骑车人兜倒，其右后轮会从人身上辗轧而过。因此，骑车人在通过路口时，一是要看信号灯行驶，绝不能闯红灯，人为制造安全隐患；二是在路口等待信号灯时，切勿与左侧的右转弯大货车横向距离贴得过近，当察觉有大货车右转时，应高度警觉，宁可退后几步让一让，也不能让大货车伤害自己；三是更不能为赶时间，在信号灯未变换时，盲目推着自行车向前移动，否则将置自己于危险境地。

第13课

超速行驶——交通事故的祸首

敬 告
驾驶人

十次事故九次快，超速行驶祸端来。
图得飞车一时乐，事故生处全家哀。
限速标志严遵守，人人执行保安泰。

　　俗话讲："十次事故九次快。"在剖析众多交通事故案例中，不难发现，机动车驾驶人不顾自身和他人安全超速行驶是导致事故发生的一大诱因，车速越快发生交通事故的概率越大，且损失越惨重，往往是车毁人亡，群死群伤，惨不忍睹。

　　在这类事故案例中，比较典型的是 2021 年 8 月 9 日因发生车祸导致著名演员于某当场死亡的事故案例。于某在我国演艺界是一位很有名气的演员，特别是她在电视剧中扮演的角色给全国人民留下了深刻的印象，这年她刚满 50 岁，正是人生才华大放异彩的时候，没想到因一起交通事故让她的生命永远停在了休止符上，实在令人惋惜。

　　据媒体和官方网站报道，2021 年 8 月 8 日，于某参加完老家的一场活动之后，她要连夜赶到另一地参加次日的一场活动。当晚于某随同事一起在机场落地后，乘坐一辆小汽车赶往目的地，由于路程较远，需要开 5 个多小时车才能到达，曾有人提议"天黑开车不安全，最好在市区住一晚，待天亮再走"，但怕影响次日的活动，这一正确提议没有被司机采纳，汽车还是连夜出发了。一路上，为尽快赶到目的地，司机驾驶小汽车疾速行驶，此时已是深夜，路上车辆越来越少，车上连同司机一共乘坐了四人，于某坐在车的后排座位上。

　　该地是我国的骆驼之乡，这一段公路时常有牧民养的骆驼从公路上穿行而过，公路旁公安机关设置了限速 60 公里 / 时的交通标志牌，但此时司机放松了警惕，仍旧将汽车开得飞快，因为再有十几分钟的路程他们就到目的地了。凌晨 3 时许，当于某一行四人乘坐的汽车在公路上高速行驶时，悲剧瞬间发生了。当时司机在驾车高速行驶中，突然透过车灯发现汽车前方有两只骆驼在横穿马路，情急中，他急忙踩刹车躲闪，但由于车速快、距离近，汽车根本停不住，重重地撞到了这两只横穿马路的骆驼身上……

超速驾驶，撞上路中牲畜，车毁人亡

事故现场一片狼藉，路面上汽车牌照、零部件以及骆驼的碎肉散落满地，触目惊心，出事的小汽车也因撞击翻滚，车头已严重扭曲变形，车顶被掀开，安全气囊也爆开了，坐在后排的于某当场死亡，司机连同另两位乘车人也分别受了重伤。当地公安部门在处理事故时，对出事小汽车的车速做了鉴定，其结论是，该车出事时的车速为 150 公里 / 时，已严重超出限速 60 公里 / 时的规定，也就是说，肇事的车辆出事时车速超出限速规定一倍多。

回顾这起交通事故，超速行驶无疑是这起事故的罪魁祸首，假设司机不将车辆开得那么快，事故肯定不会发生，但在现实生活中，许多事情不能假设，更没有后悔药可吃。

这起事故给广大汽车驾驶人很多警示，其中很重要的有三点：一是在驾车外出时，要科学安排好行程，尽可能白天驾车出行，深夜不要驾车，因为深夜开车视线不好，发生事故的概率远大于白天开车；二是行车中千万掌控好车速，不能为赶时间盲目开快车，不论什么路段都要始终使自己的车辆处于掌控之中，尤其是在高速公路或夜间行车更应注意；三是要注意观察道路上的限速标志，并要严格遵守，要懂得，公安机关在公路上设置的限速标志都有着充分的科学依据，其中不少事故多发路段的时速限制，是依据该路段大量交通事故的教训而确定的。

分析众多超速现象，一方面除了有驾驶人对车辆超速的危害性重视程度不够外，另一方面与驾驶人对这方面的知识知之甚少有关。下面，本课在这方面重点进行介绍。

专家研究发现，驾驶人在驾车过程中，从发现情况踩刹车踏板到汽车完全停止所需要的距离主要由两部分组成。一是驾驶人的反应距离，一般情况下，人的大脑反应时间通常在 0.75~1 秒，车速越快，车辆在反应时间内向前行驶的距离越长；二是实际刹车距离，不同的速度、不同的路面、不同的车辆载质量，将会产生不同的刹车距离，车速越快，刹车距离越长。例如，在干柏油路面上，当机动车以 60 公里 / 时的车速行驶时，驾驶人从发现情况到制动停车，刹车距离为 29.7 米；当以 90 公里 / 时的车速行驶时，这个距离将延长到 58.6 米。再如，在冰雪路面上，当机动车以 60 公里 / 时的车速行驶时，从驾驶人发现情况到制动停车，实际距离为 82.9 米；当以 90 公里 / 时的车速行驶时，这个距离将延长到 178 米。

为了遏制因超速而引发的交通事故，《中华人民共和国道路交通安全法》对不同车型、不同道路都有着明确的限速规定，如违反了不仅会被罚款，还会被扣分，大家应该严格遵守。

第 14 课

切勿与特种车辆抢行

敬 告
驾驶人

社会犹如大家庭，细致分工各不同。
特种车辆离不了，**绿色通道**要保证。
司机出行要避让，不与它们来抢行。

在日常生活中，警车、消防车、救护车、工程救险车等特种车辆，担负着维护治安、处置突发事件、救护伤者、施工抢险等特殊任务。因此，驾驶人在驾车中应当养成自觉避让特种车辆的良好习惯，不要与之抢行。

深秋的一个夜晚，一辆救护车疾驰在某公路上。原来，在 20 分钟以前，市"999"急救中心接到一名群众的电话，称家中 84 岁的老母亲突发心脏病，请求医生前往救助。司机老宋和救护大夫在接到电话后，以最短的时间驾驶救护车前往。他们在病人家中对患者进行了初步抢救后，抬上救护车准备赶往急救中心实施进一步治疗。当救护车行至某桥下路口时，准备右转弯开往急救中心。可就在救护车闪着警示灯准备进入弯道的瞬间，从左侧突然开过来一辆"宝来"小客车，车速相当快。老宋点了两声警报器，提醒对方避让，可对方好像没听见一样，依然快速抢过来。由于双方车速太快，"宝来"车右前部一下撞在了救护车的左侧，当即把救护车撞入了路边 1 米多深的沟中。在这起事故中，救护车司机老宋和随车医生都受了伤。而84岁的患者邱某，在巨大的撞击力下，加重了病情，最终不治身亡。

在城市管理中，抢险、救助的事情很多，作为一名驾驶人，每天行车中可能都会遇到这种情况，首要应该做好以下两点。

一是应主动避让这些车辆，切不可与之抢行。一旦因抢行发生事故，要追究相关责任。《中华人民共和国道路交通安全法》第五十三条规定："**警车、消防车、救护车、工程救险车执行紧急任务时，可以使用警报器、标志灯具；在确保安全的前提下，不受行驶路线、行驶方向、行驶速度和信号灯的限制，其他车辆和行人应当让行。**"这是以法律的形式，将上述四类车辆在执行紧急任务时享有的特殊通行权予以明确规定。

二是在高速公路、城市快速路行车中不要占用应急车道行驶，因为这是一条抢险救助的"绿色通道"。一旦应急车道被堵塞，造成

不要与特种车辆抢行

救险、救护车辆不能通行，将直接影响到各类紧急情况的处置。在《北京市实施〈中华人民共和国道路交通安全法〉办法》第五十三条中规定：**"警车、消防车、救护车、工程救险车在执行紧急任务时，可以在应急车道内行驶，其他机动车不得在应急车道内行驶。"** 如果违反规定在应急车道行驶，驾驶人将会受到 200 元罚款的处罚。

第15课

恶劣天气掌控车速最重要

敬 告 驾驶人

冰雪雨雾沙尘天，行车不逊蜀道难。
大意疏忽不可有，自命不凡埋隐患。
掌控车速最重要，安全永在你我间。

冰雪雨雾等恶劣天气行车，最易发生交通事故。这是因为这些天气条件极易对驾驶人的观察能力产生较大影响，加之冰雪路面上摩擦系数较低，机动车的制动距离较正常条件下延长一倍以上，无形中都对安全行车构成了威胁。

某日凌晨，京冀两地突降大雾，在京哈高速公路河北至北京段，一时间能见度不足20米。这场大雾来得太快了，以至于在路政部门采取封路措施前，已有不少过往车辆涌进了高速公路内。雾大、视线不清，给安全行车造成的困难是可以想象的。在这些涌进高速公路的车流中，有经验的驾驶人纷纷开起雾灯，将车速降下来缓慢行驶着，有的驾驶人为保险起见，索性将车开进高速公路休息区不走了，但仍有个别驾驶人安全意识不强，非但车速没减，连雾灯也未打开。果不其然，浓雾中，随着几声急刹车和撞击声，一起多车追尾事故发生了……

当交警和路政部门派人火速赶到后，立即勘查、清理现场，并在来车方向几百米远的地点码放了反光锥桶和反光标志。就在救援人员紧急清理现场的过程中，随着一阵尖厉的警报声，一辆"丰田霸道"越野车从浓雾里高速向现场驶来，这辆越野车连续超过几辆车之后，又将路面上设置的锥桶和标志牌撞飞，现场维护人员大声喊话令其停车，但此车仍没有减速停车的迹象。随着一声巨响，越野车硬生生地撞在了内侧车道的一辆事故车尾部，越野车严重毁坏，车上四人全部被挤压在车内。事故现场的路政人员和交警连忙进行施救，由于越野车车身变形，最后使用破拆工具，才将四人从车内救了出来，但是司机与两名乘车人已经死亡，另一名乘车人也受了重伤。

蔡义（化名）是一名公务员，平时酷爱汽车，还爱时不时地开个快车。春节前的一天上午，蔡义从别人那里借来了一辆"皇冠"牌小客车，准备回到顺义郊区的老家过年。正赶上前一天夜里北京地区下了一场大雪，路面上积雪量很大。同事们纷纷劝他，雪天路滑，缓几天再回去，但他没在意同事们的劝告，还是开车奔向了顺义。一路上，其他的车辆都在雪地里缓慢地行驶着，车速也就每小时 20 公里左右，但他自认自己的车技好，速度达到每小时 60 多公里。当他驾车行驶到京顺路孙河大桥北路口左转弯时，由于速度快，加上路滑，车辆一下子"打横儿"，在马路上滑行了起来，瞬间"铛"的一声，汽车狠狠地撞在了路侧的大树上才停了下来，蔡义头部严重受伤，车辆基本报废。后来在医院的抢救下，蔡义逃过了死神的魔掌，但成为一个"植物人"，整日卧床不起，完全丧失了生活自理能力。

这两起事故是比较典型的雪、雾天事故案例，警示广大驾驶人在雪、雾天行车一定要把握好车速和车距。关于在雨、雪、雾天的安全行车问题，道路交通安全法律法规都做出了如下明确规定。

在高速公路上行车，《中华人民共和国道路交通安全法实施条

冰雪天行车车辆侧滑失控后撞上树木

例》第八十一条规定，遇有雾、雨、雪、沙尘、冰雹等低能见度气象条件，能见度小于200米时，开启雾灯、近光灯、示廓灯和前后位灯，车速不得超过每小时60公里，与同车道前车保持100米以上的距离；能见度小于100米时，开启雾灯、近光灯、示廓灯、前后位灯和危险报警闪光灯，车速不得超过每小时40公里，与同车道前车保持50米以上的距离；能见度小于50米时，开启雾灯、近光灯、示廓灯、前后位灯和危险报警闪光灯，车速不得超过每小时20公里，并从最近的出口尽快驶离高速公路。

在普通道路上行车，《中华人民共和国道路交通安全法》第四十二条规定：**"遇有沙尘、冰雹、雨、雪、雾、结冰等气象条件时，应当降低行驶速度。"**《中华人民共和国道路交通安全法实施条例》第四十六条规定，遇雾、雨、雪、沙尘、冰雹，能见度在50米以内时，最高行驶速度不得超过每小时30公里。

第 16 课

夜间行车"十留意"

敬告
驾驶人

夜间行车危险大，**十个留意**保平安。
控制车速少超车，远近灯光勤变换。
注意路况防障碍，集中精力最为先。

　　夜间行车，视野不如白天开阔，安全系数降低，加之有的驾驶人驾车时间过长，会出现头晕、视觉模糊、注意力不集中等现象，导致对道路两旁的情况判断失常，诱发交通事故。

　　一个春节前夕的夜晚，郭峰（化名）驾驶着单位的"金杯"面包车行驶在路上。经过一年勤勤恳恳的忙碌，郭峰单位的领导对他十分赏识，再加上单位整体效益不错，前些天，领导许诺要给他发过节费。郭峰心里充满了兴奋，只盼望能尽快回家和家人团聚，一起欢欢喜喜地过个年。

　　郭峰的老家在河南农村，在他考取驾驶证一年后，就在北京找到了一份开车的工作，每天负责往施工工地送饭、送零配件。工作不累，还管饭，与那些整天辛辛苦苦泡在水泥、沙子堆里的老乡们比起来，这显然是"高人一等"了。这天晚上，单位领导派他给工地送货。当他驾车返回途中行驶到朝阳区林萃路时，遇到了一处施工路段，由于道路两侧没有路灯，视线也不好，郭峰打开了远光灯行驶。这时，有一辆拉渣土的大货车从郭峰对面开

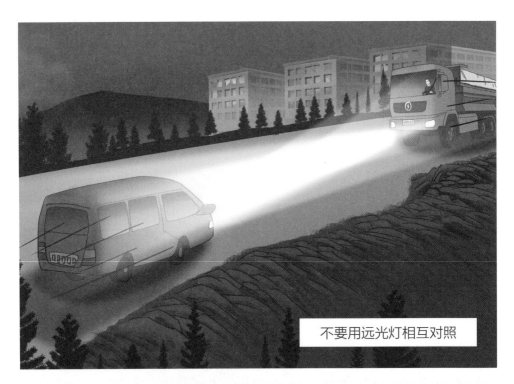

不要用远光灯相互对照

司机受对面车灯影响，车辆失控造成事故

了过来，又高又亮的远光灯晃得人睁不开眼。郭峰变换了一下远、近光灯，示意对方关闭远光灯，但对方没理会，他索性也开着远光灯继续行驶。车速快、路窄，加上夜间使用灯光不当等原因，两车相刮后，郭峰的"金杯"面包车一下子就向右栽到了路边沟里。郭峰头部受重伤，花了几万块钱医药费，才勉强保住了一条性命，春节也没回得了家，而是在医院度过的。

夜间行车危险性大，在夜间行车时，驾驶人要尽量做到"十个留意"。

一是留意开启灯光的时间。一般来讲，天一黑随着路灯的开启就要主动打开灯光；没有路灯的地方，要根据车速和视距尽量早开灯。开灯不仅仅是为了照明，看清前面的路况，更重要的是要让其他车辆或自行车、行人能够观察到你的车。《北京市实施〈中华人民共和国道路交通安全法〉办法》第四十一条规定：**"机动车在夜间路灯开启期间，应当开启前照灯、示廓灯和后位灯。"**

二是留意控制车速。夜间即使开灯行驶，可视距离也远远小于白天。所以，夜间行车的车速应该适度，以保证车辆的制动距离在前照灯照亮的距离之内，从而能及时应对危险情况。《中华人民共和国道路交通安全法》第四十二条要求驾驶人在夜间行驶时，应当降低行驶速度。

三是留意尽量避免超车。当发现前方有车辆时，要保持比白天更大的车距，尽量不要超车。

四是留意在照明不好的地方尽量使用远光灯。只要不违反道路交通安全法律法规，在乡村道路、没有路灯的街道等照明不好的地点尽量使用远光灯，以提高视认距离。对面有来车时，要及时把远光换成近光，不要使对面的驾驶人目眩。

五是留意在照明好的地方使用近光灯。这样可以最大限度地借助路灯，把观察视野扩大到前照灯灯光以外的区域。

六是留意不要直视迎面而来车辆的前照灯。因为直视其前照灯，会因受强光照射而突然失去视觉，无法看清前方的道路情况。

七是留意车内灯尽量不要打开。夜间行驶，眼睛会逐渐适应黑暗的环境。若打开车内灯，则会使已经适应黑暗环境的视力突然下降。

八是留意遇对面车辆不关远光灯时要及时避让。驾驶人必须冷静对待这种情况，注意不要直视对面的灯光，而应在仔细观察道路右侧边缘的同时，用眼睛余光观察来车，千万不要试图用强光"还击"，这样会使两个人都看不见，极易发生事故。

九是留意前方道路的情况。夜间行车时，常会遇到停靠的车辆、意外障碍物以及不易被观察到的行人或自行车等。另外，也会因突然出现的急转弯或陡坡而看不到前方的路面。因此在行车时要集中注意力，时刻观察前方道路情况，谨慎行驶，随时准备应对突发情况。

十是留意前方车辆灯光的异常情况。有时行车中会遇到对方来车是"一只眼"，容易导致对来车横向距离的判断失误；有时前方顺行车辆只有一只尾灯，有的车辆甚至尾部没有亮光，刹车灯、尾灯全没有，极易造成追尾。

第17课

尾随超车害自己

敬 告
驾驶人

超车本已藏隐患，尾随行驶更危险。
不可争得一时快，出了事故返家难。
切记超车**四禁止**，确保行车永安全。

分析众多的交通事故，有一个比较突出的现象，即驾车尾随超车而导致的交通事故占有相当的比例。造成这种事故的原因主要在于驾驶人往往急于赶路，安全意识不强，尾随他人随意超车。要知道，当你尾随他人超车的时候，在前面的车辆紧急并线后，你极有可能面临对面疾驶而来的车辆，使你躲闪不及，受到致命的一击。

"十一"黄金周期间的一天下午，北京某区的一位干部姜建武（化名），驾驶自家的"奥迪"小客车从五台山度假后返京，车上拉着妻子、儿子、岳父、岳母一家五口人。经过一路的长途跋涉，车子渐渐驶入北京管界，眼看离家越来越近，姜建武那颗一直悬着的心也渐渐轻松了一些，为了尽快赶回家，他又点上一支烟，加大了油门。行驶中，有一辆外埠集装箱大货车在姜建武车前面一直压着走，姜建武超了几次也未能超过去，甚至这辆大货车的车速比"奥迪"还快，基本上也是见车就超。姜建武心想："你能超，我就能超，你还在前面给我开道呢。"于是姜建武紧随这辆大货车，一前一后一直跟随了十几公里，当两辆车行至大兴区某路段时，前面的集装箱大货车在超越同方向行驶的一辆"福田"货车时，从对面急速驶来了一辆大货车，集装箱大货车司机见状急忙强行超过"福田"货车后猛打方向才勉强并回到顺行线上。而此时紧随其后跟着超车的姜建武想躲避已经来不及了，"奥迪"与对面疾驶而来的货车迎头撞在了一起，由于两辆车车速都相当快，撞击力非常大，"奥迪"顿时变成了一堆烂铁，一家五口人被包裹在汽车的残骸之中，四个大人当场撒手人寰。在危险发生的瞬间，孩子的妈妈本能地用自己的身体紧紧护住小孩，想使他免于遭受伤害，但车祸仍然给这个幼小的生命造成巨大的创伤，经过医院三天的抢救后，孩子还是离开了他所依恋的世界。

小客车尾随超车，与对面来车相撞

刚满 27 岁的闫晓京（化名）是某急救中心的一名医师，不久前，他和妻子刚刚步入了婚姻的殿堂，家庭美满幸福。入夜，闫晓京参加完单位的聚餐后，驾驶着自己的"日产"车回家。

喧闹了一天的北京城渐渐恢复了少有的宁静。而此时的四环主路依然是一片车水马龙的景象，一辆辆颜色各异、款式不同的大小汽车，整齐、有序地向各自的目的地进发，仿佛一排排列队待阅的士兵。

也许是"归心似箭"，在车流中，闫晓京驾驶着这辆黑色"日产"左冲右闯，如同大军中脱缰的野马，在车流中穿梭自如，仿佛把道路当成了自己的赛车场。转眼时针指向了 23 时，"日产"车"飞"上了东风桥，因为是桥区又有转弯，前方司机都放慢了车速，闫晓京虽然发现了前面的情况，但由于对这条道儿轻车熟路，他并没有要减速的意思，而是急打方向，从第二条车道猛地向右并线，从两辆重型集装箱运输车中间的夹缝儿中斜插向最外侧车道，准备以最快的速度从外侧超车。就在这时，一辆环卫作业车正慢速行驶在最外侧车道内进行清扫作业。伴随着"轰"的一声巨响，悲剧发生了，"日产"车右前角狠狠地撞到了环卫车左后角上，巨大的撞击力使得"日产"车腾空而起，在空中翻转一周后，狠狠地摔到了第三条车道内。短暂的喧嚣过后，一切又恢复了宁静，一个年轻的生命就此戛然而止。刚才还风风火火的"日产"车，没能把闫晓京送到温馨的爱巢，而像一具黑色的棺材载着他直接奔向了地狱的大门。当闫晓京的同事打电话把这个残酷的事实告诉他妻子的时候，电话的另一头传来了一个女人近乎疯狂而又绝望的嘶吼……

这两起血淋淋的事故让人警醒：超车时一定要保持足够的安全视距，千万不可盲目超车，特别是要避免尾随大货车超车，因为大货车极易挡住自己的视线，一旦前方有险情，大货车能躲过，而自己处于盲区范围，几乎没有反应时间，必将置自己于险境。

《中华人民共和国道路交通安全法》第四十三条对四类禁止超车的情形作出了明确规定。

一是，"前车正在左转弯、掉头、超车的"不得超车。

二是，"与对面来车有会车可能的"不得超车。

三是，"前车为执行紧急任务的警车、消防车、救护车、工程救险车的"不得超车。

四是，"行经铁路道口、交叉路口、窄桥、弯道、陡坡、隧道、人行横道、市区交通流量大的路段等没有超车条件的"不得超车。

《中华人民共和国道路交通安全法》是经验的结晶，我们每个驾驶人都要严格遵守。尤其是当行驶到没有中心隔离护栏、隔离墩、隔离带等设施的国道、省道、乡道时，一定要谨慎小心，不要盲目跟随其他车辆超车，特别是不能跟随在大型车辆后面超车，防止因视线被大车挡住而出现险情，夜间更要加倍小心。

第 18 课

"望闻问切"防爆胎

敬 告
驾驶人

轮胎状态时关注，不可超限修又补。
一防花纹磨损重，二防轮胎硬伤出。
三防轮毂糊焦味，四防轮胎气跑无。
只要措施细又细，轮胎爆裂定消除。

　　像一个骑手对自己的战马一样，驾驶人要对自己的车辆十分熟悉并百倍精心地呵护，例如对车辆的轮胎、灯光、刹车、喇叭等要做到了如指掌，以增加行车安全系数。尤其是在借开他人车辆时，这点更为重要。否则，一个小小的失误，随时都可能导致一场大的车祸。

　　夏季的一天，某公司组织十多名员工到新疆旅游。这个公司在新疆有一个已合作了十几年的生意伙伴负责全程接待。当得知北京客人即将到来的消息后，新疆的公司非常重视，特别抽调了一位经理和一名专职司机全程陪伴。因为自己单位的车辆都比较旧，他们还特意从别的公司借来一辆刚上牌还不足半年的"丰田"中型面包车。在 6 天的行程中，旅游团全体成员乘坐这辆"丰田"车，由乌鲁木齐出发，先后游览了吐鲁番、喀纳斯、天山天池、五彩湾等十余处名胜景点。大家对广袤的新疆大地、秀美的边疆风景留下了深刻的印象，整个旅途非常愉快。

　　转眼到了第7天，旅游团一大早就按照原定计划乘车返回乌鲁木齐，然后准备乘飞机返京。下午14时许，车在去往乌鲁木齐的高速公路上快速行驶着，经过几天的游玩，大家的兴致不减，在车上兴趣盎然地交流着旅途见闻。突然，随着一声爆响，车的右前轮胎爆裂了，瞬间，汽车像脱缰的野马般失去控制，在侧滑中翻滚了起来⋯⋯

　　刚才车上还是一片欢声笑语，转眼间当地公司的陪同领导、司机和北京的一名客人便离开了人世，其余9人伤情不同，有骨折的、有头皮撕裂的、有内脏损伤的，全部住进了医院。

　　发生事故后，车辆所属公司的司机后悔地说："唉，应当打个电话，向接车司机交代一下，告诉他这辆车的右前轮被扎过就好了。"原来，这辆"丰田"面包车一个月前出车途中右前轮被扎过。当时司机没太在意，只是把轮胎做了简单的修补后继续使

车胎爆裂导致悲惨事故

用。车辆外借时，司机当时又不在场，他本来有心想给接车的司机打个电话，告诉他慢点开，注意右侧的轮胎，后来因为忙把这事忘了。

小军是一个梦想靠运输致富的人。他贷款买了一辆"江铃"牌重型厢式货车，满载着致富的梦想，不辞辛苦，每天早出晚归，连续开车的时间都在十几个小时，仅两年的时间就差不多还完了贷款，很快进入了收益期。在小军看来，钱挣再多都嫌少，但花一分都嫌多。眼看着存款的数目一天一天在增长，但由于汽车每天都处于超负荷行驶状态，渐渐出现了这样或那样的毛病。小军因为怕花钱，就时常找些路边的小修理铺给拾掇一下，基本上能够凑合着开就行。有一次，一个修理工告诉他，车的轮胎花纹已经磨损得太严重，应该换新的了（像这种重载车的轮胎应当 6 万公里就换新的，但小军的车已经行驶了 8 万公里仍旧没有换过轮胎，已经远远超出了正常范围）。小军却没领人家这份情，认为这些修车工肯定是想赚他的钱。"没门！"就这样，"修修补补"下来，车子又连续跑了三个月。

一天凌晨，小军拉着满满一车水产品往北京送货，当车行驶到京哈高速公路进京方向北京段 37.5 公里处时，意想不到的事情发生了，大货车的左前轮轮胎突然爆裂，车辆顿时失控，右前部直接撞在了应急车道内停放的一辆重型半挂牵引车的尾部，造成小军心爱的"江铃"车严重损坏，随车的装卸工右腿骨折。事故的车损、人伤，再加上送货的违约金，使他至少一年都白干。事后，小军非常后悔，为了省一点小钱，没有及时更换陈旧的轮胎，造成了更大的损失，真是得不偿失啊。

这两起事故留给众多驾驶人的深刻教训是，车辆的安全状况是大事，容不得一丁点的马虎。这一点，在《中华人民共和国道路交通安全法》第二十一条中有明确的规定：**"驾驶人驾驶机动车上道路行驶前，应当对机动车的安全技术性能进行认真检查；不得驾驶安全设施不全或者机件不符合技术标准等具有安全隐患的机动车。"** 特别是车辆轮胎，不仅属于易损耗品，还是保障车辆安全的重要部件，一旦轮胎发生爆裂，造成的交通事故往往是车毁人亡。所以，在出车前，对于轮胎的例行检查、保养维护就显得更加重要。在此，我们可以借用中医理论中"望、闻、问、切"的诊疗方法（"望"指观气色，"闻"指听气息，"问"指询症状，"切"指把脉象），以有效预防高速行车中爆胎事故的发生。

"望"——用目测的方法，经常检查车辆轮胎花纹的磨损程度，一旦花纹磨损严重或有严重的伤痕后，要及时更换，切不可为了小利而招来大祸，做出一些得不偿失的事情。应当讲，在日常生活中，有许多驾驶人不注意这种情况，有的车辆，特别是大货车，轮胎花纹都磨平了，还照开不误，这种情况相当危险，不能只为利益而忽视生命。

"闻"——在车辆行驶中，尤其是在长途运输中，司机要适时停车检查，一是调整一下身体疲劳的状况，二是检查一下轮胎，闻一闻轮胎轮毂有没有焦煳的味道，因为车辆在长时间行驶中，刹车片和轮毂极易因摩擦过热，出现故障，在以往的高速公路大货车自燃事故中，有许多是轮胎轮毂过热而导致整辆车被烧掉的。

"问"——在驾驶他人车辆时，应主动向车主了解清楚车况，特别是轮胎是否受过伤、是否补过胎，前面说的新疆这起事故，就是一个典型的案例。

"切"——在驾车行驶过程中，要高度警觉，随时注意异常情况。行车中，一旦出现车身倾斜，控制不灵便，应首先考虑是否是车胎漏气，并立即缓缓减速，靠边停车，切忌急刹车；如果出现后轮胎爆裂，车尾摇摆，应紧握方向盘，缓行并靠边停车；如果是前胎爆裂，方向盘一时很难控制，应立即松开油门，不要冒险急踩刹车。

第 19 课

司机倒车"一禁止、三留意"

敬 告
驾驶人

司机倒车要警惕，麻痹大意出悲剧。

高速路上不倒车，法律法规作依据。

三个留意常提醒，事故永远不找你。

　　倒车还会出事故吗？存在这种疑问的驾驶人肯定不止一两个，但是在现实生活中，因驾驶人倒车不慎而引发的交通事故屡见不鲜，特别是在高速公路上，这样的事故一旦发生后果会更加严重。

　　几年前，在京通快速路上发生过一起外甥倒车轧死亲舅舅的事故。

　　大货车司机姓沈，家住河北三河，从十年前开始跟舅舅合买了一辆大货车，每天往返于三河与北京间跑运输。几年来，买卖越做越好。出事儿的这天晚上 9 点多，小沈和舅舅跑第二趟活儿，由东向西走到四惠桥时，本应右转弯奔北四环亚运村方向走，但是，小沈一马虎，错过了出口。他连忙靠边停住了车，回头一望，已过了出口有七八十米远。从安全角度讲，他应该开到前边的大望桥去掉头，但为了节省点时间，他采取了倒车的方法，由他舅舅下车，在车后指挥着倒车。"倒，倒，倒……"随着舅舅的提示，车辆一步步向后挪着。当车子快要倒到出口时，由于由东向西的车辆较多，他舅舅被迫停住了脚步，用手拍打着后车厢，并大声喊着："慢点，慢点！"示意他停车等等。但是，由于车多声杂，小沈对舅舅的喊话根本就没有听到，加上对车后的情况十分不了解，他还是继续加油往后倒车，将他舅舅撞倒后，右后轮活生生地从舅舅身上轧了过去。待过往的司机喊他，他才意识到出事了，将车停了下来。望着舅舅被自己的车轧死，小沈顿时傻了眼。事后，小沈驾驶证被公安机关吊销了，还被法院判处有期徒刑一年，缓刑一年。

不久前，在北京一条环路上还发生过一起结婚礼仪车因走错路，在主路出口倒车，生生把指挥倒车的新郎亲叔叔当场轧死的事故。这件事一时间传遍了大半个北京城，成为人们街头巷尾议论的话题。

造成上述事故的原因在于，驾驶人违反法律规定，在主路上违法倒车，从而导致悲剧的发生。违法的代价是惨痛的，逝去的生命再也不可能挽回。本文从日常安全常识的角度，把驾驶人安全倒车的要点归纳为"一禁止、三留意"。

1. "一禁止"

"一禁止"即禁止在高速公路上倒车。高速公路由于车速快、流量大，驾驶人倒车是相当危险的，一旦发生事故往往非死即伤，以往在全国不少高速公路上都有很多这样的事故发生。为了减少这种违法行为，国家相关法律法规有着严格的处罚规定，如果驾驶人出现上述违法行为时将会受到罚款200元，一次记12分的处罚。

2. "三留意"

一是要留意倒车中后面跟进的行人、自行车或其他车辆，待看清情况后方可倒车。这类事故在日常生活中比较常见。例如，某天，在朝阳区某购物中心停车场，有一位20多岁的天津女孩驾车来此购物。晚上9点多，女孩把大包小包的东西装上车准备回家。当她驾车从停车场出来行至出口时，由于转向角度过大，车没能驶出出口。女孩没有观察后面的情况，迅速挂上倒挡就倒车。而此时，正遇有两名妇女从她车后面的甬道内经过，其中一名妇女当即被撞倒，后脑磕在了水泥路面上，造成颅底骨骨折，颅内出血。后经天坛医院多方抢救，才保住了性命。这名妇女是外省一家科学研究院的科学家，这次是来北京出差，由于白天工作忙，利用傍晚休息时间来购物。不成想，险些因车祸丢了性命。

倒车时注意观察后面的情况

　　二是要留意在他人帮助指挥倒车时出现意外情况。现在，在一些大的商场、车站、饭店等繁华场所，停车场内一般都有停车管理人员帮助看护车辆，一旦有车辆倒车时，他们都主动地站在车后帮助指挥。这些人许多都不是驾车的内行，对于停车的间距、角度也不是十分了解。如果你只听他们的，很可能就和其他车辆相剐相撞。停车场管理人员帮助指挥倒车虽是好意，但有时帮了倒忙，所以这种情况下一定不能放松警惕。

三是要留意倒车雷达作用的局限性。现在，随着科学技术的发展，大多数汽车一出厂装有倒车雷达和倒车影像，这也的确带来了极大的便利。但是要知道，倒车雷达、倒车影像有它们的局限性，倒车时不能麻痹大意。另外，对倒车雷达的灵敏性也要随时掌握。如果当你倒车时，倒车雷达传达给你的是错误信息，后果将不堪设想。

此外，关于倒车的安全问题，《中华人民共和国道路交通安全法实施条例》第五十条规定："**机动车倒车时，应当察明车后情况，确认安全后倒车。不得在铁路道口、交叉路口、单行路、桥梁、急弯、陡坡或者隧道中倒车。**"对于这些规定，每个驾驶人都应该严格遵守，这是保证安全的基本要求。

第 20 课

强行超车危险重重

敬 告
驾驶人

超车定要守规则，强行超车危害多。
桥梁窄路转弯处，切忌强行超前车。
把握超车八常识，合理行车多选择。

　　前文我们讲过了尾随超车存在危害性，这一课重点强调一下驾驶人不要强行超车。因为强行超车也是导致事故多发的重要原因。经相关部门调查统计，近几年在全国每年发生的交通死亡事故中，因强行超车违法行为而引发的交通事故占有相当大的比例。

　　一天下午，赵海峰（化名）驾车从北京返回河北老家。一车人有说有笑，好不快乐。原来赵海峰的儿子现就读于湖北某著名医学院，虽然目前大学一直都在扩招，但对于考医学院校来说，还是很有难度的，更何况学医后的工作环境和待遇都很不错，因此，儿子成为全家人的骄傲。而他能够有今天的出息，除去自身勤奋好学外，与爸爸的百般疼爱也是分不开的。这次，儿子想在寒假期间让爸爸开车带他去北京购买一些专业图书，一同去北京的还有赵海峰的弟媳曹某和外甥女肖某。

　　在行驶途中，当赵海峰驾驶"雅阁"小客车走到北京郊区107 国道某路段时，想超越前方的一辆大货车，超了几次，大货车既没减速也没让路，一直压着走。继续行驶出一段距离后，赵

行车中千万不要强行超车

司机强行超车导致与对面来车相撞

海峰加大油门，探出车头强行超越大货车，但就在他超过大货车尚未来得及往回并线的时候，与对面一辆疾驶而来的大货车迎头相撞……这起事故，造成赵海峰及 3 名乘车人当场死亡。

应该说，这起血淋淋的事故主要是强行超车造成的。如果当时赵海峰有安全意识，不强行超越大货车，这一幕悲剧完全可以避免，惨痛的教训令人深思。在超车时，除严格遵守《中华人民共和国道路交通安全法》第四十三条关于超车的相关规定外，驾驶人应该尽可能多地掌握一些超车常识。

一是超车前应充分了解所驾驶车辆的加速性能并观察前车的动态，要选择路面平直、视线良好以及前方没有来车的路段超车。

二是通过后视镜观察左侧车道上有无车辆，或有无其他车辆正在超越自己的车辆，如果有，应该让其先行。

三是要掌握好安全视距，一般来说，超车时要看清几百米外的情况，也就是说，要看出前方几辆车的距离，不能使自己因处在被超车辆后面而存在视觉盲区，尤其是超越大型车辆时更要注意这些。

四是如果道路较窄，且是双向行驶的，则需要注意对面有无来车。如果在超车过程中有与对面来车会车的可能，则不得超车。

五是超车过程中发现左侧有障碍物或对面来车距离很近时，要保持头脑冷静，尽快减速停止超车。切不可紧急制动，以免车辆发生侧滑或跑偏引起碰撞，不得存有侥幸心理强行超车。

六是超车前应先开左转向灯并鸣喇叭示意，夜间超车时应不断变换远近光灯示意，等前车让路让速后，方可从前车的左侧超越。

七是超越前车后，不能过早地驶入原来的行驶路线，在与被超车辆之间保持必要的安全距离后，打开右转向灯驶回原车道。

八是在被超车辆让路不让速时，尽量不要超车，一旦具备超车条件时，要迅速、果断，尽量缩短超车时间，保证超车过程快速完成。

不上保险，出事就"抓瞎"

敬告驾驶人

车辆投保益处大，和谐交通要靠它。
侥幸难避行车祸，出了事故就**抓瞎**。
安全行车是根本，生活无忧笑哈哈。

随着经济的迅猛发展，我国机动车保有量逐年上升，道路交通事故也随之进入高发期。交通事故不但给人们的人身安全带来极大威胁，而且因事故引发的人身、财产赔偿问题，也给人们的生活带来了沉重的负担。当发生交通事故后，如果仅仅依靠个人的经济能力，相当一部分机动车驾驶人无法承担高额的赔偿费用。因此，给车辆上保险是解决交通事故赔偿难题的一个有效途径。

朱某已经年近50岁了，是北京市某郊区的一名无业人员。20世纪90年代初，随着城市化建设进程的加快，他所居住的村子，土地全部被开发征用了，他一家五口也由农业户口变成了城镇户口。当时，有两个选择，一是由政府给安排工作，二是自己找工作，政府一次性给每人3万块钱补偿金。在那个时候，3万块钱有很大的诱惑力，加上当时银行的利息高，当个"息爷"也能养家。朱某一家兄弟三人拿了9万块钱。可是随着时间的推移，钱是花一分少一分，加上银行的利息大幅下调，物价涨得也比较厉害，几万块钱很快就要花没了。这可怎么办？朱某哥仨商量，买个二手"面的"，平日里就靠拉"黑活儿"养家糊口了。因为日子不宽裕，再加上养车的开销也比较大，到了买车后的第二年，朱某干脆连"面的"的保险也不上了。心想："我慢点开，不出事就行了。"可没想到，没过两个月就发生了一起撞人的交通事故。

这天早上7点多，朱某像往常一样在大街上"扫活儿"。在由东向西通过一条人行横道时，一走神儿，将由北向南横过马路的臧女士撞伤，经医院检查，臧女士的盆骨和大腿骨粉碎性骨折。

说来，臧女士的家境也是够苦的。臧女士42岁，两年前和丈夫离异，带着一个10岁的女儿生活。这年春，又刚和一名姓秦的先生结了婚。秦先生也是离异的，比她大8岁，身边带着一个15岁的儿子。两个离异家庭的重新组合，使他们都对生活重新燃起了希望。秦先生是个普通工人，臧女士没有工作，家庭微薄的收入供养两个孩子上学很困难。二人商议，把秦先生居住的两居室租出去，四口人挤住在臧女士的两间平房里，用租房的差价供孩子读书。后来，臧女士托人找了一份售票员的工作。出事当天，正是臧女士第一天上班的日子，结果人还没到单位，半道儿就出了车祸。虽说是捡了条命，但是双下肢留下严重残疾，已经失去了正常生活的能力。

出事后，司机朱某因为车辆没有保险而犯了难。经法医鉴定，臧女士符合伤残标准，医疗费、伤残补助金等各项赔偿费用加在一起就得十二三万元。这个数目，对于家境并不富裕的朱某来说，真是无法承担的。为了赔钱，朱某先变卖了那辆"面的"，加上家里的一点积蓄，手头才凑了2万多块钱。接着，又向街坊邻居东借西借，还是没凑齐，他"砸锅卖铁"也只能拿出3万多块钱。为了支付赔偿金，朱某找了一份临时工，每天早出晚归、省吃俭用，每个月的收入，除了过日子的急需外，要留出三分之一用来赔钱。街坊邻居开玩笑地说："你现在就是个扛'长活'的了，扛

给车辆上保险别犹豫

不上保险给自己带来麻烦

到什么时候才是个头儿啊！""咳，这都是我自个儿找的，我要是给车上了保险，何至于着这个急呢？再说，我给人撞了，人家还在床上躺着呢，我再不把钱赔上，也说不过去啊。"朱某无奈地说道。

此时，卧床不起的臧女士，因为家境本身就十分窘迫，加上自己又突然间成了一个"废人"，变成全家人的累赘，赔偿金又拿不到手，从而渐渐地对生活失去了信心。一天下午，她偷偷从床底下找到了一瓶"敌敌畏"，慢慢拧开瓶盖儿喝了下去。所幸的是，在她喝下后不久，丈夫正巧外出回来，他一把抱起已经失去知觉的妻子就往医院赶，经过医护人员的奋力抢救，臧女士才被人们从"鬼门关"拽了回来……

因为没有给车辆购买保险，造成受害者得不到事故赔偿金而万念俱灰，肇事者自身也陷入了无力赔付的困境，这个教训是非常深刻的。因此，警示广大驾驶人，一定要严格落实《中华人民共和国道路交通安全法》第十七条关于"**国家实行机动车第三者责任强制保险制度**"的规定，积极投保，不要抱有侥幸心理，错误地认为"我不出车祸不就没事吗"，殊不知，一旦真的出了事，将后悔莫及。

第22课

拖拽车辆隐藏危险

敬 告
驾驶人

拖拽车辆藏危险，过往行人别误判。
制动失效被牵引，应当使用硬牵连。
被拖车辆禁载人，前车后车开双闪。
现代社会发展快，专业清障最保险。

　　车坏在路上，"前不着村、后不着店"的，着实令人烦。但烦归烦，当你请朋友拖拽车辆时，可千万别忘了交通安全。因为，拖拽车辆隐藏着危险，方法不当，随时都可能引来麻烦。

　　一天深夜，送完货准备下班的陈新（化名）驾驶大货车回单位。当行驶到京通快速路时，忽然间，大货车怎么踩油门就是不走了，原来是供油系统出现了故障。因为车辆坏在主路上，附近找不到修理厂，陈新焦急之余忙给单位打电话，让单位来车帮助拖一下。半小时后，郝利（化名）开着一辆大货车赶到了。随后，郝利用一根20多米长的绳子，拖拽着陈新的大货车，慢慢地向东驶去。由于陈新的大货车处于熄火状态，刹车不起作用，陈、郝二人也担心出事，就慢慢地往前移动着。渐渐地，车辆下了京通快速路向北拐去，进入东苇路。东苇路是一条机非混行的道路，当两辆车相互拖拽着，一前一后由南向北行驶到某路口时，有一位骑车人见两辆货车开得比较慢，且中间还有二十多米的空当，欲快点骑，从两车之间穿过去。结果，自行车绊在了拖车的绳子上，骑车人连车带人摔在了两辆货车之间。前车的郝利没有看到这个情况，还继续往前行驶着，可后车的陈新面对这个情况却是刹不住车干着急，紧接着陈新的大货车将骑车人辗轧在了车轮之下。当两辆车停下之后，骑车人因身受重伤，死在了去往医院的路上。

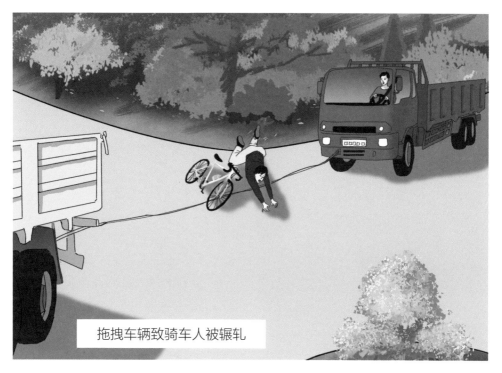

拖拽车辆致骑车人被辗轧

事后，司机郝利和陈新分别受到法律的严肃处理，其中郝利还被判刑入狱。

如何才能正确地牵引车辆呢？《中华人民共和国道路交通安全法实施条例》第六十一条中有着明确的要求，概括地讲，有以下五个方面。

第一，**"被牵引的机动车除驾驶人外不得载人，不得拖带挂车。"**

第二，"被牵引的机动车宽度不得大于牵引机动车的宽度。"

第三，"使用软连接牵引装置时，牵引车与被牵引车之间的距离应当大于 4 米小于 10 米。"

第四，"对制动失效的被牵引车，应当使用硬连接牵引装置牵引。"

第五，"牵引车和被牵引车均应当开启危险报警闪光灯。汽车吊车和轮式专用机械车不得牵引车辆。摩托车不得牵引车辆或者被其他车辆牵引。转向或者照明、信号装置失效的故障机动车，应当使用专用清障车拖曳。"

通过铁路道口"一慢二看三通过"

敬 告
驾驶人

火车呜呜似穿梭，铁路道口险情多。
汽车行至要注意，一慢二看三通过。
盲目通行是隐患，酿成悲剧了不得。

近年来，国家对于铁路的建设、改造工作进行了巨大投入，城市里许多铁路、公路相交的铁路道口，已经被立交桥所代替。但是，在农村地区，老式的铁路道口依然比较常见，有的地方有人值守，有的地方却无人值守。因此，当驾驶车辆行经到这些道口时，一定要高度警惕，切不可贸然抢行，反之，灾难可能随时都会降临。

一天下午，在一处无人值守的铁路道口，发生了一起小客车抢行与火车相撞的重大交通事故。发生事故的道口是一个常年无人值守的铁路道口，没有岗亭和防护杆，只有一个警示牌。当一列货运列车由南向北高速向铁路道口驶来时，适有一辆北京号牌的银灰色"比亚迪"小客车由西向东，试图抢在火车前横穿道口。但就是在这一瞬间，火车拦腰撞上了小客车，将小客车一下撞飞了 50 多米远，小客车侧翻在了铁路路基边的沟中。"比亚迪"小客车扭曲成饼状，女司机被死死地卡在驾驶室里，男乘客被困在后排，两个人都横躺在座位上，满身血迹。由于汽车的金属外壳紧紧包裹在两人身上，消防员虽然使用扩张器把车身外壳撑开一道缝，但仍无法将人从车内拽出。最后，救援人员使用液压剪将整个车身外壳剪碎，才将车内的两个人救出来，但经现场120急救医生检查，两人均已死亡。

铁道口抢行，导致汽车被撞

谈起此类交通事故，可能每位读者都能说出一两个案例，因为在现实生活中，这样的事故是比较多见的，不仅在我国，在国外也有这样的事故消息不断见于报道。

应该提到的是，目前，随着经济的发展，列车的时速已经经过多次调整。在许多主干线上，列车的最高时速甚至超过350公里以上，我国铁路已经进入了"高速时代"。因此，机动车驾驶人在通过铁路道口时，应牢固树立安全意识，严格遵守相关法律法规。

按照《中华人民共和国道路交通安全法》第四十六条规定：

"机动车通过铁路道口时,应当按照交通信号或者管理人员的指挥通行;没有交通信号或者管理人员的,应当减速或者停车,在确认安全后通过。"第六十五条规定:"行人通过铁路道口时,应当按照交通信号或者管理人员的指挥通行;没有交通信号和管理人员的,应当在确认无火车驶临后,迅速通过。"因此,车辆和行人在通过铁路道口时千万不能大意,不要与火车抢行,要谨慎做到"一慢、二看、三通过"。"一慢",即降低车速,不能高速通过;"二看",即注意观察铁路两侧是否有火车临近;"三通过",即待仔细观察确认安全后再通过铁路道口。否则,一旦出事,吃亏的准是司机本人。

第24课

司机不能"只看地不看天"

敬告
驾驶人

驾车途中莫大意，车辆高度要牢记。
桥梁涵洞限高杆，你不注意谁注意？
上有老来下有小，出了事故不得了。

在一般情况下，驾驶人在驾车行驶中往往只注意路面情况，而容易忽视桥梁的高度，因为这种情况导致人员伤亡的交通事故时有发生。在这里，我们把它形容为驾驶人只看"地"，不看"天"。

一个星期天的中午，某乡镇企业的司机田彪（化名），带着自己家人和姐夫一家人热热闹闹地聚在一起，在距家6公里远的一个小饭馆里为他五岁的小外甥过生日。两家人其乐融融，享受着家庭至亲的温馨和快乐。

去的时候，大家分乘两辆车，田彪开着小货车拉着媳妇、女儿。聚会结束时，由于姐夫要去办事儿，开车先走了，于是田彪就捎带上姐姐和小外甥一起回家。因为人多，驾驶室内坐不下，田彪的媳妇和姐姐姊妹俩推让起来。"姐姐，你坐车里吧，你穿得单薄。""不，还是你带着两个孩子去坐吧。"经过一番推让之后，姐姐上了车，站立在小货车车斗内。此时的田彪，也忘了自己作为司机应尽的责任，没有嘱咐姐姐不要在车斗内站立。上路之后，他边开车边和驾驶室内的媳妇聊天，而在后车斗里的姐姐耐不住风吹，背转过身站着。

田彪开车在路上快速行驶着，离家越来越近了。途经某村村头有一根限高杆。近几年，有许多外地大货车都从这儿走，把路都轧翻了，还有几次险些撞了人。为了不让外地大货车进村，两年前，村里人在村子的东西两头安装了限高杆，限高杆的高度只允许小型车通过。田彪已有十几年的驾龄，每次从此处经过时，他基本上都不用怎么减速，权当练习一回"钻杆"。可这次他忘记了车上还站着他的姐姐呢。他速度没减，"嗖"地一下，就从限高杆下驶了过去，只听"嘭"的一声，限高杆一下撞在了他姐姐的后脑上。田彪听到响声，感觉出事了，马上停车，发现姐姐已摔倒在车斗内。他哭喊着："姐姐！姐姐！"但他姐姐已人事不省，仅剩微弱的呼吸。他连忙开车拉着姐姐往医院赶，因伤势过重，姐姐最终还是死在了去往医院的途中。

乘车人被限高杆撞击惨状

　　一天深夜，韩东（化名）开着一辆大型厢式货车由河北省向北京运水产。因为初次来北京，路不熟，韩东一时找不到送货的地方。从深夜12点多开始，他就开着车一直在四环路附近转悠，直到凌晨2点多，还没有进入市区。这可把两个人急坏了，想问路，夜深人静，快速路上又去哪儿找人？绕来绕去，货车顺着四环路辅路，不知不觉地开往了四元桥方向。

　　四元桥位于北京市区的东北部，是连接四环路、京顺路、机场高速公路等几条主干线的重要交通枢纽。由于桥下道路通行条件有限，辅路的设计通行限高标准为3米，为此，在距桥梁不远处设置了提示标志，并在涵洞前加装了限高杆，以起到警示作用。

　　韩东驾车来到此处时，没有注意到路口处设立的限高标志，只听从车顶上传来"铛"的一声，随即，一根黄黑色相间的限高杆从车顶上方砸了下来，正好砸在了途经此处的一个骑车人头上，骑车人当场死亡。

　　在事故的后期处理中，以上两起事故的肇事司机都受到了严肃处理，田彪被判处有期徒刑一年，缓刑一年；大货车司机韩东被判处有期徒刑两年。

　　"不困在预慎，见祸在未形"。通过上述两起事故得到的启示是，驾驶人在驾车时遇有桥梁、涵洞、限高杆时，要有限高预判，一定要注意观察情况，确认安全后方可通行。通俗地讲，要既看"地"也看"天"。

　　首先，大型货车在运输货物时切不可超高超限，同时，货车车斗内严禁搭乘人员。对此，《中华人民共和国道路交通安全法实施条例》和《中华人民共和国道路交通安全法》都有明确规定："机动车载物……装载长度、宽度不得超出车厢""禁止货运机动车载客。货运机动车需要附载作业人员的，应当设置保护作业人员的安全措施。"

其次，时刻注意观察桥梁、涵洞的限高标志，衡量自车高度是否符合通行要求。《中华人民共和国道路交通安全法》规定："**车辆、行人应当按照交通信号通行。**"这里所指的交通信号，不仅限于交通信号灯，还包括道路的限高、禁令等交通标志，时刻注意车辆是否符合通行要求，以防止发生剐撞桥梁的交通事故。

最后，在乡村道路上行车时切不可疏忽大意，有的乡村为防止大货车穿行扰民，在村子入口处常设置限高杆，为此，驾驶人应高度警觉，防止事故发生。

第 25 课

身体不适别"硬扛"

敬 告
驾驶人

身体不适莫**硬扛**，因小失大生悲伤。
纵使挣得金山在，身心残缺空茫茫。
驾车为要安全事，体魄精力是保障。

　　头疼脑热、身体不适，对于每个人来说，随时都可能遇得上，因为人吃五谷杂粮，没有不生病的时候。但是作为一名驾驶人，应当懂得在这种情况下不开车为好。因为驾驶汽车需要精力高度集中，需要一个好的身体，如果带病驾车上路，难保不出现交通事故。

　　这年中秋节，本该是阖家团圆的日子，可是在京顺路出京方向五元桥发生的一起交通事故，导致了两个家庭的破碎。

　　34 岁的柳大伟（化名）家住北京郊区农村，小时候他的父亲在盖房子时摔伤腿落下终身残疾，母亲常年哮喘，二老含辛茹苦，终于把柳大伟拉扯大，吃尽了苦头。都说穷人的孩子早当家，柳大伟初中毕业后就开始帮家里干农活，外出打工，挣钱养家，最后开上了出租车。通过他的努力，家境也一天天开始好转起来，不仅翻盖了房子，自己也娶上了媳妇，第二年就让二老抱上了大胖孙子。要强的柳大伟，为了给家里多攒点钱，出外拉活儿从不惜力，有个头疼脑热的时候也不歇车。出事的当天，他早晨一起来就感觉到有点胸闷、心口痛，妻子还嘱咐他："不舒服就别出车了，一会儿上医院检查检查去。"吃过早饭，他开车出门，本想去医院检查身体。但没出家门多远，正好遇上有人伸手打车，他习惯性地将车停了下来，一问，打车人要去大兴，从顺义到大兴可是个"肥活儿"，他放弃了去医院看病，拉上乘客直奔大兴而去……

这一天，柳大伟身体虽然不舒服，但"活儿"拉得比较顺手。傍晚时分，他开车从北三环往家里赶，经过三元桥时，又拉到了一个去孙河的"顺活儿"。乘客上了车之后，柳大伟开车从三元桥往北上了京顺路。一路上，柳大伟话语不多。当车行至京顺路大山子地段时，柳大伟的头突然一下子歪靠在驾驶座和前排乘客座之间的隔板上，车辆突然失控，一头冲向了路边的非机动车道，将一名骑车的妇女连人带车撞倒后，又冲出几十米远被一棵树挡住后才停了下来。柳大伟趴在方向盘上，心脏已经停止了跳动。后经法医鉴定，柳大伟死亡原因系心脏病突发猝死，被撞的妇女因头部和腰部受重伤，虽经医院抢救保住了生命，却造成下肢瘫痪，失去了生活自理能力，而那位出租车上的客人，在这起事故中伤得也不轻，在医院住了三个多月才康复。

高明新（化名）是一位政府机关的公务人员，已经过了不惑之年。参加工作二十年来，始终兢兢业业，对工作认真负责。他有着一个幸福的家庭，孩子上大学，妻子在一家公司任职。这年，单位分配住房，高明新分到了一套三居室，彻底解决了家庭的住房困难问题。为了及早入住，拿到房门钥匙没几天，高明新就四处找施工队装修房子。装修期间，高明新一天假也舍不得请，都是利用晚上或周六周日的休息时间去照料一下。白天工作，晚上又盯着装修，一熬大半宿，一个月下来，高明新感觉身体有所不

司机身体不适最好别开车

司机身体不适硬扛的结果

支，总有一种歇不过来的疲劳感。觉也少了，饭量也下来了。在一起工作的同事们也都看到了这一点，纷纷劝高明新："不行就歇几天吧，别硬撑着了。"为了不影响工作，高明新一直扛着。断断续续三个多月的时间，房子是装修完了，高明新的身体却消瘦了许多，添了不少毛病，经常头晕。一天，高明新开车出去为单位办事，走到南二环时，感觉头晕得难受，实在撑不住了，将车缓缓停在了机动车道内，趴在方向盘上昏迷了过去……当时，路过的司机发现二环主路上停着这么一辆车，纷纷打"122"报警。当警察赶到现场时，发现高明新已经停止了呼吸。后经法医鉴定，高明新死于脑出血。

通过这两起事故可以看出，机动车驾驶人保持良好的身体和精力，对于确保道路交通安全是非常重要的。《中华人民共和国道路交通安全法》规定："……**患有妨碍安全驾驶机动车的疾病，或者过度疲劳影响安全驾驶的，不得驾驶机动车。**"这就要求驾驶人不仅要注意按要求定期体检，而且身体一旦不适要及时去医院诊治，切不可因小失大，做出后悔莫及的事来。

第 26 课

酒后驾车害人害己

敬 告
驾驶人

酒对司机危害大，头昏脑胀眼睛花。
反应能力受影响，操控能力十分差。
酒后开车是大忌，血的教训要汲取。
敬告天下驾车人，杜绝酒驾牢牢记。

现如今，不管是在城市，还是在农村，驾驶人酒后驾车而导致的交通事故不断发生，电视、网络、报纸时不时会有这方面的报道。在你的身边也可能发生过这样的事。酒后驾车现象已越来越成为影响道路交通安全，破坏社会和谐的一大公害。在笔者的职业生涯中，曾接触处理过许多驾驶人酒后驾车而引发重大交通事故的案子，在交通事故死亡人员中，既有普通老百姓，又有名人、富商。人生一世，为生活辛辛苦苦打拼了一辈子，却因酒后驾车而丢了性命，实在令人惋惜。在此，首先说一下 20 世纪 90 年代某知名喜剧演员酒后驾车致死的事故案例。

这位演员于 1968 年出生在四川省甘孜藏族自治州一个普通家庭里。他从小就显露出超出一般同龄孩子的天赋，在别的小朋友都在玩耍的时候，他就跑去学树上不同小鸟的叫声。在稍大一点后，他开始模仿电视人物的声音和动作，尤其学习卓别林，到了惟妙惟肖的地步，他的模仿天赋让父母从小就对他寄予厚望，希望他能够出人头地。13 岁那年，他顺利考上了中央民族大学音乐舞蹈系。在学校，他学东西特别快，深受老师和同学的喜爱。毕业后，他又被中华全国总工会文工团招走，成为一名舞蹈演员。

之后，这位演员拜了名师，从此走上说相声的道路。超强的学习能力，加上自幼的功底，让他很快就能登台演出了，并在北京相声圈开始小有名气。1993 年，他和师傅有幸上了中央电视台节目，师徒俩合作的相声一经播出就反响热烈。之后，师徒俩可谓火遍大江南北，而他本人凭借出色的表演才华成为著名的笑星之一。1994 年，他又登上了中央电视台春节联欢晚会。这位演员无疑是那个年代的风云人物，当时，就连著名的相声大师也对他连连称赞，并送他十字赞语"前不见古人，后不见来者。"

现在，提起这位演员，对于"90 后""00 后"的朋友来说，可能是陌生的，但"70 后""80 后"绝对看过他的表演，他的模仿能力和口技功夫非常了得，如果他还在世，必将是一位传奇人物。成名这一年，他只有 25 岁。成名后，他总算苦尽甘来，很快就收入颇丰，于是他在北京租了房，把父母接到身边享享清福。

然而，这份幸福并没有维持多久，一场车祸让这份幸福戛然而止。1995 年的一天晚上，这位演员参加完当天的演出后，应邀参加朋友聚会，酒桌上，他与朋友推杯换盏，喝了很多酒。当晚，饭局散得很晚，已是深夜了，他独自驾驶着富康车往回家的方向驶去。23 时许，当他驾驶富康车行至西三环紫竹桥时，正遇有一辆出故障的大货车停在了三条车道的中间车道上，大货车没有开启危险报警闪光灯，也没有摆放警告标志牌，他因酒后驾车，判断力和反应能力都严重降低了，加之车速较快，直接朝大货车撞了上去，富康车撞毁了，这位演员也当即失去了生命。这一年他才 27 岁。

司机酒后驾车撞上抛锚车

　　如今，只要提及这位演员的过早离世，无数人都会为此感到惋惜与痛心。

　　酒后驾车是交通安全之大忌。对此，《中华人民共和国道路交通安全法》有着明确的规定，严禁驾驶人酒后驾车。若驾驶人饮酒后驾车，将会受到记分、罚款的处罚，醉酒驾车的还要被追究刑事责任。

　　上面所讲的这起事故，警示广大驾驶人一定要严格遵守国家相关的法律法规，为了自己和他人的安全，杜绝酒驾，珍爱生命，让悲剧不再重演，让幸福永驻每个家庭。

第 27 课

变更车道"四要素"

敬 告 驾驶人

司机驾车应警惕，变更车道别心急。
频繁变道危险大，依次行驶是本理。
礼让右道车先行，莫让事故找上你。

车辆变更车道是我们日常行车中最常见的驾驶行为之一。应当讲，变更车道有很严格的要求，如果操作不当，很容易发生车毁人亡的悲剧。

私企老板袁旭东（化名）生意做得不错，家庭生活条件比较优越，还有一个贤惠的妻子和一个乖巧的女儿。他家住在京顺路旁的一处高档别墅区里，每天都开着自己心爱的"沃尔沃"牌小客车往返于上下班途中。袁旭东很喜欢打高尔夫球，工作不忙时，他都要约上几个朋友，带着家人到郊区的高尔夫球场上去潇洒地挥上几杆，享受片刻间难得的惬意。为此，他不仅在球场的贵宾招待室内存放了一整套球具，还专门聘请了一位私人教练，只要袁旭东一到场，这位教练就会立即放下手中的一切工作，全程陪同，指导袁旭东夫妇打球。一天，袁旭东又像往常一样带着家人来到球场打球。这一天，他心情不错，手也顺，一连打出了不少好球，一家人玩得很开心。打完球后刚一上车，袁旭东发现油箱里的油不多了，就问随行的朋友附近哪儿有加油站。朋友说："正好，我车上的油也不多了，咱们一块儿走吧，我知道哪儿有加油站，我带路。"说完这话，朋友开上自己的"迈腾"车，两辆车一前一后疾驶而去。

两辆车前后高速行驶在城市快速路上。一路上，袁旭东与朋友的车在最左侧车道内行驶着，转眼间，就要行驶到了加油站路口。当袁旭东的朋友驾车在距加油站100多米远的地方，从左侧车道开始向右侧变更车道时，袁旭东此时却正和妻子兴高采烈地聊着天，分散了注意力。突然看到前方朋友的"迈腾"车向右变更车道后，他急打方向盘，"沃尔沃"车跟着也转了过去。就在此时，紧贴着袁旭东车的右侧车道上正高速行驶着一辆重型混凝土搅拌车（俗称大罐车），由于两辆车的距离近、速度快，"沃尔沃"车的右后角与大罐车的左前部瞬间发生了剐碰。这突如其来的变故，把大罐车司机吓蒙了，他下意识地急忙向右打方向躲闪，但大罐车由于速度快，加之打方向过急，一下子失去了重心，向右侧翻了过去。而此刻，在右侧应急车道内，正巧有一辆外地旅行车司机停车问路，翻倒的大罐车将在路边问路的三名乘车人结结实实地砸压在了车底下，瞬间，三条生命被活生生地夺去了。事后，"沃尔沃"车和大罐车司机都受到了法律的严厉制裁，分别被判刑入狱。

真是"祸自微处生"！说起这三名受害者，都是20岁出头的女孩子，实在让人惋惜。这三人都是刚刚走出校门的高中毕业生，从没出过远门，这是她们第一次从江苏来北京，本打算通过老乡介绍到一家工厂打工，谁想到却发生了这样的悲剧。

因为一个错误的变更车道的动作，导致了惨痛事故的发生，教训相当深刻。关于机动车如何变更车道，《北京市实施〈中华人民共和国道路交通安全法〉办法》第三十五条作出了明确的规定，说

小车变更车道影响大罐车

大罐车翻车后砸死三人

得通俗一点，可以归纳为以下变更车道"四要素"。

一是"让所借车道内行驶的车辆或者行人先行"。要通过后视镜观察车后情况，确保与相邻车道内的车辆有安全距离后，打开转向灯，方可变更车道。

二是"按顺序依次行驶，不得频繁变更机动车道"。作为驾驶人应当懂得"欲速则不达"的道理，有时你左超右超看起来是快了一点，但因为连续变更车道会增加危险系数，一旦与其他车辆相撞，耽误的绝不是一会儿半会儿的时间。

三是"不得一次连续变更二条以上机动车道"。这一条强调的是，行驶在有多条机动车道的道路上变更车道时，不能一下子从某一车道越过几条机动车道行驶。否则，灾难可能随时降临。

四是"左右两侧车道的车辆向同一车道变更时，左侧车道的车辆让右侧车道的车辆先行"。这一条讲的是变更车道行驶的顺序问题，右侧为先，左侧为后，这既是安全行车的一个准则，也是国际上车辆通行的惯例。

第 28 课

安全行车，乘车人不是旁观者

敬　告
驾驶人

乘坐大巴外出游，安全意识时时有。
嬉笑打闹要适度，大家犯困司机愁。
前方路况该如何？帮助司机向前瞅。

"我是乘车人，又不掌握方向盘，难道能与行车安全沾上边儿吗？"存在这种疑问的人，在我们身边恐怕不在少数。很久以来，每当人们乘车外出时，总是习惯性地认为，旅途中保障行车安全、避免交通事故是驾驶人的事，哪儿会与乘车人沾得上边？但事实告诉人们，乘车人也是交通参与者，乘车人的每一种行为都可能与行车安全息息相关。

一个盛夏季节，某大学的 30 多名员工，在某旅行社的组织下，兴高采烈地游览了北戴河风景区。在导游小张的精心安排下，大家在三天的时间里玩得非常开心，游泳、钓鱼、坐船、篝火晚会等各种活动样样不少，几乎全都玩了个够，大家对导游小张的行程安排非常满意。旅游的最后一天，一行人在海鲜餐厅吃完午饭后启程返回北京。莫师傅开着"金龙"大客车，沿着京哈高速公路往北京赶。刚开始上路时，因为路途长，导游小张为了路上的安全，主动坐在司机右侧的座位上，陪司机聊天看路。当车辆行驶出 100 多公里后，由于是中午时分，车上的 20 多名乘客都有点犯困了，相继打起了瞌睡，甚至有的已经打起了呼噜，酣然入

乘客集体打盹影响司机

睡。这时，小张的困意也来了，眼皮不住地打架，话也少了，渐渐地，也随着大多数乘客的鼾声不知不觉地睡着了。

　　莫师傅开着"金龙"大客车在高速公路上高速行驶着，马路又宽又直，比较空旷。车厢内除了人们入睡的鼾声，交谈的笑语声已经全没了。开着开着，车辆已经驶离山海关近200公里，离北京越来越近了。而此时，受车厢内鼾声的影响，加上长途驾驶比较疲乏，莫师傅一阵儿一阵儿地犯起了迷糊，眼皮像粘了胶水一样不住地往一起凑。他强打着精神，时不时用手揉揉双眼，拍拍脑门，心想再坚持50多公里就到北京了。这时，莫师傅实际上已经处于十分困乏、反应迟钝的状态。当他驾车行驶到距北京18公里处时，前方的主路上有一辆大货车因故障停在了路中间，莫师傅临近时才突然发现前边的车是停驶的，紧急中下意识地打了一把方向，并猛踩刹车，但是大客车的左前角还是撞在了大货车

司机犯困撞上前车

的右后部，大客车一下子冲撞到了路右侧的防撞板上才停了下来，车上的乘客不同程度地受了伤，其中7位伤势较为严重。由于大客车的接触点正是司机的位置，莫师傅的双腿被撞得粉碎。当救援人员把莫师傅从车内救出来的时候，他的双腿已经与身体分离了，后虽经医院抢救保住了性命，但是已经造成终身残疾。更险的是，出事地点防护板的下方，是近5米深的大水塘，如果没有防护板将大客车挡住，后果更是不堪设想。

以上这起事故，教训是深刻的，假设乘车人不犯困打盹儿，留有专人和司机说说话、提提醒，帮助观察路况，事故可能会避免。乘车人乘坐他人车辆出行时，安全是掌握在他人手里的，因此应时刻提高警惕，千万不要睡觉。总之，乘车人绝不是安全行车的旁观者。

第 29 课

亲朋好友聚会，勿劝司机饮酒

敬 告
驾驶人

朋友聚会必有酒，推杯换盏情悠悠。
非是盛情难推却，出了事故不可救。
人生沧桑坎坷路，百般谨慎来呵护。

"来，干了这一杯，谁不干谁不够朋友！"逢年过节亲朋好友聚会，人们都要酌上几杯。有的场合不来个"一醉方休"，显得还不够意思。酒，在人们加深感情、相互交流中成为不可或缺的一部分。

但是，在推杯换盏间，大家应该勿忘交通安全。如果有驾驶人饮酒的话，要设法阻拦，更不能主动劝驾驶人饮酒。在众多驾驶人酒后驾车的事故案例中，有一个比较普遍的现象是，有些驾驶人是在亲朋好友劝酒下"抹"不开面子，被迫喝酒的，结果导致惨剧的发生。

"嘀嘀……"在富丽堂皇的酒楼包间里，丁某把手机从裤兜里悄悄掏了出来，藏到餐桌底下默默翻看着："爸爸，听妈妈说，你今天出差回来，还给我买了礼物，我和妈妈都在盼着你早点回来呐！（爱你的妍妍）"看到了这条短信，女儿甜美的声音仿佛回荡在丁某耳边，他的脸颊上悄悄洋溢出一丝幸福的微笑。他在众人面前举起自己的手机，说道："哥儿几个，今天我家女儿过生日，我得早点回去。"听了这句话，坐在对面的老四站起身来，举着酒杯冲丁某说："老兄，您这话可不对了，侄女儿今天过生日，是个高兴的日子，咱们应当庆祝一下，我敬你一杯！来，祝小侄女儿越来越美丽，一天比一天更聪明。""好，就这一杯，一会儿我还得开车呢。"丁某刚喝了下去，"老丁，老四敬您的酒喝了，我也得敬您一杯，您不能有远有近呐！"小张开着玩笑又上来劝酒。经推让几次之后，丁某不得已，又喝下了小张敬的满满一盅白酒。随后，桌上的其他四个人又起身纷纷上来敬酒，这个说："激动的心，颤抖的手，老丁不喝我不走！"那个说："感情深一口闷，感情浅舔一舔。"丁某禁不住大家三番五次地劝，到底喝了几杯，连他自己也记不得了。

丁某今年 42 岁，25 岁就辞掉工作"下海"经商了。经过十多年的努力，他有了自己的一家公司，专门从事经贸生意，买卖规模越做越大。这次出差去广东参加订货会，一连签下了好几份合同。出发前，他向妻子承诺，在孩子过生日的当天一定赶回来，为孩子办生日。不成想，下午 4 点多一下飞机，他就接到生意伙伴的电话，应邀参加了这个饭局。

酒足饭饱之后，对于平日没有什么酒量，轻易不沾酒的丁某来说，脑袋已经是昏昏沉沉的了。他强忍着醉意起动了"宝马"车，想尽快赶回家去。行驶途中，在东莞路某路口，遇有前方的一辆大货车在路口等红灯，丁某因酒后反应迟钝，加上车速快，来不及采取任何措施，"宝马"车一头撞上了大货车的尾部⋯⋯当救援人员赶到时，发现丁某已经气息全无。在"宝马"车的前排乘客座上，有一个沾满血迹的礼品盒。后来经公安交通管理部门对丁某进行血液检测，丁某每百毫升血液中的酒精含量高达 124 毫克，属于醉酒驾车。就这样，为了面子，为了几杯酒，丁某抛下了妻子、女儿，撒手人寰。

才喝这一点儿，没事！

你还要开车，千万别喝酒！

亲朋好友聚会，勿劝司机饮酒

据有关部门调查，在酒后肇事的事故中，有相当比例的驾驶人是因为碍于"面子"饮酒。正是这小小的"面子"，往往能够造成车毁人亡、妻离子散的悲剧。所以，亲朋好友在聚会时，千万勿劝驾驶人饮酒，要深知酒后驾车的危害性，真正让酒后驾车远离广大驾驶人朋友。

再者，大家也要懂得不乘坐"酒后"驾驶人驾驶的车辆，一来是不安全，二来一旦出事，乘车人要负法律责任。《中华人民共和国道路交通安全法》第二十二条规定：**"任何人不得强迫、指使、纵容驾驶人违反道路交通安全法律、法规和机动车安全驾驶要求驾驶机动车。"**《北京市实施〈中华人民共和国道路交通安全法〉办法》第五十七条也有明确规定：乘车人**"明知驾驶人无证驾驶、饮酒或者身体疲劳不宜驾驶的，不得乘坐"**。以往在这方面的事故当中，那些明知驾驶人酒后驾车的乘车人，在发生人员受伤或者死亡的事故中，都依法承担了一定的法律责任。

第 30 课

跑——永远得不到解脱

**敬 告
驾驶人**

出了事故不要逃，迅速报警是正道。
抢救伤者不怠慢，现场保护要全面。
等待警察来处理，于人于己都有利。

　　万一发生了交通事故怎么办？按照国家有关法律法规，事故当事人切不可抱有侥幸心理和畏惧心理而逃逸，应立即停车抢救受害者和财产，保护现场，及时向当地公安交通管理部门报案，等候处理。但在日常生活中，仍有个别驾驶人，发生交通事故后不顾受害者的死活，在众目睽睽之下或在夜幕掩护之中，逃之夭夭，一走了之。这种行为，不仅是错上加错，罪加一等，而且最终逃脱不了公安交通管理部门的追踪、侦破。俗话讲"逃得了初一，逃不过十五。"

　　一天晚上，秋风裹着寒意，已是许多人正要入睡的时候。此时的朝阳北路也不再像白天那样车水马龙，变得有些沉静。小金骑着他的两轮摩托车在这条日渐熟悉的马路上默默前行。刚满 24 岁的小金是家中的长子，为了供弟弟上学，他从天津老家来北京打工已经有一个月了，想着再过两天，自己的第一笔工资就要到手，自己也能为家里帮上一把，他的心里感觉美滋滋的。然而，一场厄运正向他无情地袭来。晚上 10 点 10 分，当他在朝阳北路黄渠村人行横道处过马路时，突然，一辆小客车从他的左侧飞速驶来，还没等小金反应过来，"咣"的一声巨响！巨大的撞击力就将他连人带车挑了起来，抛出几十米远后，重重地摔到地上，整个人都浸在血泊里动弹不得。撞人的白色"宝马"非但没停车，反而加速消失在了茫茫的夜色之中。5个小时后，小金的心脏在医院的抢救室里停止了跳动。

在接到事故报警后，交警很快就赶到了现场。根据事故现场散落的微量物证，民警调取了全市400余辆白色"宝马"车的档案资料，并通过技术部门鉴定，将车型准确定位为白色老款"宝马"车，将车辆调查的范围由400余辆减少到40余辆。

同时，公安交通管理部门借助媒体广泛向社会知情者及相关修理厂、修车门市征集线索，布下"天罗地网"。很快就有群众举报，说案发次日有一辆黑色号牌的白色"宝马"车来过西郊汽配城，而且白色"宝马"车前风窗玻璃有损坏现象。得知此情

出事后司机企图逃逸

况后，民警迅速来到这家修理厂，了解到有一辆车牌号为"京A·×××××"的黑色号牌白色老款"宝马"车在此修理过，来修车的是两个年轻人，他们要求立即更换前风窗玻璃、保险杠。据修理人员反映，那辆"宝马"车右前保险杠坏了，前风窗玻璃破裂，右前侧漆皮脱落。"当时车主说是追了大车尾部，修完后他们急忙将车取走了。"随后，民警在修理车间的废品堆里找到了被撤换下来的前风窗玻璃，以及有着撞击痕迹的"宝马"车前保险杠。经确认，所修车与事故现场肇事的那辆"宝马"车的受损部位大致一样，且这辆车又是案发次日早上送修的，时间也大体吻合。为了弄清所修车辆是否就是肇事车，民警再次走访宝马公司专业技术人员。经科学检测认定，所修车辆为"宝马"老款 5 系，与肇事车型一致，而且，风窗玻璃上的残留物质是摩托车上的油料，摩托车上的残留物质是"宝马"车上的漆，属同种物质，由此确认，该车就是肇事车辆。

就在这时，又有群众举报，反映朝阳某小区原来有一辆白色"宝马"车经常出入，近些日子再也没见到这辆车。警觉的办案民警没有放过这一条线索，经过细致地排查，发现该小区内一名张姓男子的名下有一辆白色"宝马"车，而且车型与肇事车型一致。但是这辆车为何会突然消失呢？为了解开这一谜团，办案民警决定正面接触车主。在对 50 岁的车主张建斌（化名）进行询问时，张建斌说在 2005 年 10 月 20 日左右，也就是这起事故发生前 20 天，就已经将车卖给了一个陌生人，既没有联系方式也没有过户手续。为何偏偏在事故发生前 20 天突然将车卖掉呢？为何卖车时连一个简单的凭证都没留下呢？张建斌的话到底是真是假？在没有找到买车人的情况下，一切都无从考证。然而一切都有可能。民警根据经验推断："宝马"车很显眼，即使他说卖了，周围的老百姓肯定有知道的。于是民警开展了对嫌疑人居住地周边群众的调查取证工作。据群众反映，在案发日之前，张建斌一直开着"宝马"车，案发日后，那辆车就再也没在小区出现过。种种迹象表明，张建斌在说谎。为了弄清肇事司机到底是谁，民警们在西郊汽配城里找到了案发次日一大早送修"宝马"车的一段监控录像，录像显示出两个小伙子和一辆白色"宝马"车。专案组经过分析认为，既然张建斌的"宝马"车具有重大嫌疑，那么去修理厂修车的人一定是与张建斌关系非常亲近的人员。

民警们根据掌握的情况，了解到张建斌有一个 24 岁的儿子，小名叫彪子，在几名目击群众对彪子的照片进行辨认后，确认了送修人就是彪子。经过几天几夜的辛苦蹲守，2006 年 1 月 17 日上午 10 点，彪子在距离案发现场三四公里的地点被民警抓获。经过艰苦的讯问，彪子在大量证据面前，终于交代了他开车肇事逃逸并毁灭证据的全部过程。春节前夕，警方南下广州，在佛山市

司机逃逸后终被抓捕

南海区路边无人看管的停车场里找到了那辆肇事的"宝马"车，车辆的颜色已由原来的白色变成了银灰色，并用"沪 A"字打头的车牌将车辆伪装起来。同时，在车上查出曾经使用过的"京 A·×××××"黑色号牌，找到一张九江一家修理厂的车辆维修结算清单，上面清楚地印着送修时间和接车时间，至此案件告破。肇事者彪子不仅向死者家属支付了巨额的经济赔偿，而且被判刑入狱。

"跑的日子实在是活受罪，我自首来了，您把我快点抓起来吧！"这是交通肇事逃逸司机辉子在经历了近两年的逃亡生涯后，来到公安交通管理部门投案自首时说的第一句话。

一天，一辆"福田"货车在朝阳区楼梓庄路口右转弯时，将一辆行驶的自行车剐倒，坐在自行车后座的 6 岁小男孩被当场轧死，骑车的大人被轧伤。事故发生后，公安交通管理部门办案人员以最快的速度赶到现场，现场仅有一辆被轧坏的自行车，肇事司机已经驾车逃逸。交管部门经过侦查，很快将目标锁定在了某村村民辉子身上，但当民警找到辉子家的时候，辉子已经弃家而走，逃之夭夭。此后，公安机关组织专门警力，在辉子可能藏匿的几个落脚点进行了多次寻找，同时将辉子的身份信息在全国公安网上通缉，布下了"天罗地网"，寻找这名交通肇事嫌疑人。

辉子自发生事故那一刻起，就没过上一天踏实日子。当时，他开车跑回家后，急急忙忙向媳妇要了 400 多块钱，告诉媳妇："我有事，得出去一段时间，以后再给你打电话联系。"说完，头也不回就出家门了。从此，辉子走上了逃亡生涯。他先是坐火车直奔山东，在一个小县城里转悠了半个月，一看见穿警服的就躲着走，一见到警车就心里发颤。钱花光了之后，辉子被迫到一个河套的沙石场里筛沙子，每天沙场只管三顿饭，工钱少得可怜。

干了 3 个月之后，一来太累，二来心里不踏实，怕被抓到，他又逃到了山西，在一个煤矿干起了挖煤的差事，每天挖煤没早没晚地，经常吃不饱、吃不好，老板还时常扣工钱。思前想后，他觉得逃亡的日子实在不是人过的，心想："监狱的饭还管饱呢，再者，监狱里没有瓦斯，也不会塌方，再这么下去，早晚非得把命也搭上不可。"于是，在一天晚上，他避开煤矿监工，偷着跑了出来，回家后到公安机关投了案。

事故发生之后，死者小男孩的亲人难以接受这个惨痛的事实，悲痛欲绝。他的爷爷、父亲整天郁郁寡欢，身体日渐消瘦，隔三岔五，就到交通队询问肇事司机抓到没有，孩子爷爷发下重誓："不抓到害死我孙子的凶手，就绝不剃头。"此案告破后，当公安交管部门把消息告诉死者的家属时，死者小男孩的父亲和爷爷才把蓄了一年多的长发剪掉。

事实证明，发生事故后逃逸，是最愚蠢、最无知的行为。《中华人民共和国道路交通安全法》第七十条明文规定："**在道路上发生交通事故，车辆驾驶人应当立即停车，保护现场；造成人身伤亡的，车辆驾驶人应当立即抢救受伤人员，并迅速报告执勤的交通警察或者公安机关交通管理部门。**"

作为每一名驾驶人对上述条款应严格遵守，这样做有以下四点好处：一是可以减少事故后的损失，因为肇事逃逸保险公司是拒赔的；二是使伤者能够在第一时间得到抢救，最大限度地降低死亡的可能，有些事故造成人员死亡，往往是抢救不及时造成的；三是便于公安交通管理部门及时勘查事故现场，准确客观地划分事故责任（有些事故驾驶人可能不负主要责任，但是一旦逃逸，情况说不清就要负全责）；四是有利于事故迅速处理结案，对社会、对驾驶人本人都可以减少不必要的影响和损失。

第 31 课

谦和礼让路路通

敬 告
驾驶人

谦和礼让路路通，野蛮驾驶事故生。
为慰一时好胜心，留得悔恨伴终身。
劝君行车心平和，和谐交通记心中。

　　交通道德是展示国民素质的一个窗口，是衡量一座城市文明程度的重要标志，有人形象地将其称为城市管理的"名片"。当前有些交通参与者的法治意识、道德观念还有待提高，特别是处于强势地位的机动车驾驶人，视道路交通安全法律法规如儿戏，"加塞儿"、抢行、斗气等各种丑陋的驾驶行为大量存在，扰乱正常的交通秩序。创造和谐社会，打造畅通有序的交通环境，应是每名交通参与者的责任和义务。

　　笔者曾随团前往欧洲考察，深切感受到了发达国家驾驶人在文明驾驶方面的优秀表现。有一次，我们乘车行驶在去往德国慕尼黑市的高速公路上。由于高速公路临时大修改线，单向变成双向行驶，司机没有留意，结果走上了逆行线，到了半途，我们的车挡住了对面的来车。如果不躲开，全线交通将受阻。给我们开车的司机，是一位来自我国东北地区的 26 岁小青年，他在德国已工作生活了 6 年时间，见到此状他顿时感到很难堪，左顾右盼，意思是想办法让一下，但由于路窄，右侧的车都一辆一辆地排成长龙，根本没有办法让。这时，在我们右侧的车队里，一辆大货车司机主动把自己的车向前移了几米，后面的一对德国老夫妇又主动倒了几米，给我们的车让了一个位子，让我们的车开到了车队里。这件事都是人家主动做的，很感人，充分体现了人与人之间的谦和与礼让。

当我们的车进入车队安全位置后，我不禁回头看了看后面开小车的老太太，她和周围的司机一样，似乎什么都没有发生过一样，依旧保持那种自然、平和的表情。这时，我们全车人都很尴尬，认识到什么是真正的高素质，认识到我们国家的一些驾驶人和发达国家的驾驶人在驾驶素质方面还有很大的差距。这样的事情要是发生在国内，情况又会怎么样呢？"你不排队""你加塞儿，没门！非把你别进沟里去不可！"

此时，我不禁想起了一年前，发生在北京西城区的一起因开车斗气，司机互殴，其中一方将对方刺死的事情。

一天凌晨 1 点多，张有亮（化名）陪老板到海淀区喝完酒后，驾驶一辆"本田"小轿车准备离开时，遇到一辆挡道的"宝马"车，张有亮就鸣喇叭示意"宝马"车退让一下，自己好驾车通过。在两车交会的一瞬间，张有亮无意中向对方看了一眼，谁知这一眼，竟然成为致命的导火索。当张有亮的车行驶至西城区某路口左转时，那辆"宝马"车追上来，故意"别"了他们车一下，张有亮被迫减速。又往前行驶了 200 多米，"宝马"车又追了上来，将张有亮的车逼停到了路边。等了一会儿，"宝马"似乎没有要走的意思，张有亮打开车门下车，问对方走不走。这时，"宝马"车前排乘客位置打开车门，一名姓伍的男子站在车边骂张有亮，两人争吵起来。"宝马"车的司机和另两名男子也下来，其中一人一拳打到张有亮的嘴唇上，张有亮踢了他的腹部，几人随即扭打起来。张有亮的老板刚一下车，又被这三人打倒在地。张有亮一看老板被打伤，一下就火了，从裤兜儿中抽出折叠刀，直奔对方刺去。打了几分钟，对方三人受伤，张有亮就和老板驾车离开。在经过一处河边时，张有亮将刀丢弃在路边。

谁知，被张有亮刺伤的这三人中，有两人伤势较重，其中一人几日后抢救无效死亡。随后，张有亮被公安机关抓获归案。法院一审以故意伤害罪判处张有亮死刑，缓期两年执行，剥夺政治权利终身。庭审过后，张有亮的父亲满脸泪水地说道："我的孩子年轻气盛，容易冲动，可是那几个财大气粗的老板，都是四五十岁的人了，怎么也会为了点小事没完没了地'较劲儿'呢！"

"好胜者必败，恃壮者易疾"。看了上面这一正一反两个例子，相信每个人都会颇有感触。在行车中保持一种谦和礼让的行车心态，往往不是吃亏，而是于人于己受益，营造一种路路畅通的安全行车氛围；反之，违反法律任意驾驶、放任自流野蛮驾驶、自私自利缺乏公德、肇事逃逸遗弃伤者等恶劣的交通行为，不仅自己不能得到方便，还会威胁到自己和他人的生命安全，这样的行为不但要受到社会舆论的谴责，也定会受到法律的严厉惩处。

行车中要注意相互礼让

第 32 课

新手上路"一不要、五不跟"

敬 告
驾驶人

新手上路要注意，安全二字牢牢记。
保持车距最重要，主路练车不可取。
发生车祸后悔晚，害了别人害自己。

　　作为一名新手驾驶人，开车都有一个从生疏到熟练的过程，这个过程是循序渐进的。新驾驶人不能凭"摸车心切"的一时冲动，而忽略安全驾驶。为此，在驾车中要谨慎小心，逐渐增长驾驶技巧。应当了解，驾驶车辆就如驾驭一只大老虎，它不但能伤害别人，还能伤害自己。驾车中要做到"一不要、五不跟"。

　　小马和小张都来自河南农村，两人在北京的一所大学校园里相识、相恋。大学毕业后，他们依靠自己的勤劳和智慧，分别在北京城区谋得了一份收入可观的工作，并逐渐拥有了一些积蓄。之后，他们在北京郊区建立起自己的新家。由于每天上班都有30多公里的路程，小两口就自己贷款买了一辆"高尔夫"小客车，当时小张考取驾驶证还不到半年时间。一个星期天，天气很好，一大早，小张和爱人便约上自己的大学同学小林夫妻俩，四个人一起开着这辆崭新的小客车上路练车去了。

　　当小张开车行驶了一段时间后，车上的小林也由于刚考取驾驶证不到两个月的时间，没摸过车，手痒痒，提出想要练练手。

116

一开始，他们只是在立水桥地区的一些小马路上练练，大家觉得速度慢、不过瘾。在大家提议下，小林把车开上了五环路主路。为避开众多的大货车，他选择在最内侧的车道行驶。由于是新手技术不熟练，车速始终保持在50公里/时以下（而五环路内侧车道的行驶速度规定为70~90公里/时）。行驶中，受他们这辆车的影响，后面驶来的车辆，有的急刹车，有的急打方向躲避，司机们纷纷按着喇叭表示不满，甚至有几辆车降下车窗指责，但他们仍旧在内侧车道里不紧不慢地开着。时针指向13时55分，事故发生了。这时，他们的车正由北向南行驶在东南五环路上，一辆高速行驶满载煤炭的河北大货车追撞在了"高尔夫"车的后部，"高尔夫"车受到撞击后又追撞上了前面一辆小客车后才停了下来，车内乘坐的小张夫妻二人和小林的妻子当场惨死车中，驾

在主路上练车太危险

新手上路练车被撞惨状

车的小林虽然侥幸保住了性命，但身体却落下了终身的重度残疾。
两个甜蜜的幸福家庭，被这场突如其来的事故彻底摧毁了。

上面这起事故案例，讲的是"一不要"，即不要在主车道低速练车，否则后患无穷。这一点，在《中华人民共和国道路交通安全法实施条例》第四十四条中有明确规定：**"在快速车道行驶的机动车应当按照快速车道规定的速度行驶，未达到快速车道规定的行驶速度的，应当在慢速车道行驶"**。在此更应注意的是，新驾驶人在领取驾驶证一年的实习期内，切不要刻意上高速公路上练车，如有需要上高速公路行驶时，应由持相应或更高准驾车型驾驶证三年以上的驾驶人陪同，不能单独驾车。这点，公安部在2012年发布修订版《机动车驾驶证申领和使用规定》（中华人民共和国公安部令第123号，简称"123号令"）做出了明确要求。123号令对新驾驶人在实习期内的管理也更加严格了，规定持有大型客车、牵引车、城市公交车、中型客车、大型货车驾驶证的驾驶人在1年实习期内有记6分以上未达到12分的，实习期限延长一年；在延长的实习期内再次记6分以上但未达到12分的，注销其实习的准驾车型驾驶资格。另外，还规定在实习期内有记满12分记录的，注销其实习的准驾车型的驾驶资格。作为新驾驶人，这点应牢牢记住。

下面再向大家介绍一下"五不跟"的常识，可以对新驾驶人提高防范事故的能力有所帮助。

一是不跟空驶的出租车。空驶的出租车要在路上"找活儿"，一旦发现路边有人打车，司机经常会根据第一反应急踩刹车，有时甚至连转向灯都不打就靠边停车。

二是不跟大型货车和大型客车。大型车又高又宽，遮挡后车行车视线，经常会有大货车闯红灯过路口，而后车因大车遮挡看不见红灯而跟着通过路口，极易导致事故的发生。

三是不跟外地车。外地驾驶人一般对所经城市道路不熟，经常会因问路而随时停车，有时甚至是急刹车停车问路，跟在后面很危险。

四是不跟低档车和小排量车。如果您驾驶的是一辆车况不错且档次较高的车，最好不要跟在低档车或小排量汽车的后面，因为这类车的速度往往较慢，一旦前面急踩刹车，缺乏经验的司机难以控制速度，发生追尾的可能性就很大。

五是不跟车队。如果在快车道上行驶，尽量避免跟随车队行驶。因为快车道上行车速度往往较快，一旦前面的车采取紧急刹车，很容易出现连续追尾，四五辆车相撞的事件并不少见，特别是中间的车辆受到前后夹击受伤会最重，后果不堪设想。

第33课

拖拉机千万别上高速公路行驶

敬 告
驾驶人

拖拉机手要注意，外出拉活有规矩。
驾驶执照应持有，车牌保险均上齐。
高速公路不能走，违法载人更不宜。
车祸时刻需提防，人生一世不容易。

截至 2022 年年底，我国高速公路总里程已达 17.73 万公里，居世界首位。

高速公路的快速发展对国家的经济建设和方便广大群众的快捷出行无疑都是好事，但是在我国一些偏远地区，由于一些人交通安全意识差，法制观念淡薄，时常有违法驾驶拖拉机或其他农用车上高速公路行驶的行为。这种行为十分危险，往往造成车毁人亡的重大交通事故，其后果相当严重。

海南省位居我国最南端，是著名的旅游大省，又是我国的经济特区和自由贸易试验区。2008 年，海南省建成了一条环绕全省的高速公路，即环岛高速公路。这条高速公路全长 612 公里，建设时间长达 12 年。

2022 年 2 月 22 日，中央电视台"今日说法"栏目以《拖拉机上高速行驶》为标题，播发了一起在海南省环岛高速公路上发生的重大交通事故案例。这起事故造成 3 人当场死亡，4 人受重伤，

2 人轻伤。

让我们还原一下事故的过程：肇事拖拉机驾驶人马明（化名），是海南省某县的一个普通农民，多年前，他花钱买了一辆四轮拖拉机。他家距环岛高速公路很近，平日里忙完农活后，他时常驾驶着拖拉机跑跑运输，挣点钱。按照国家有关规定，拖拉机是必须上牌照、买保险的，拖拉机驾驶人也必须考取驾驶证才能上路，然而这些他都没做。可能没时间？也可能怕花钱？长时间以来，他一直无牌、无证、无保险，开着自己的这台拖拉机忙东忙西。

2021 年 1 月 12 日凌晨，天没亮，马明拉着同村的 8 名村民，一同前往一片玉米地去采摘玉米。这片玉米地离村子较远，此次行程如果走省道，要走一个多小时，而走环岛高速公路的话，只需要二三十分钟就能到达。为了节省时间，马明全然忘了安全，开着拖拉机上了高速公路。

上了高速公路后，他一心只想把拖拉机开得快一些，打算趁着天没亮，路上没交警，早点赶到玉米地。此时，车斗里的 8 名村民，为躲避嗖嗖的凉风，纷纷用头巾或衣服紧紧裹住头部，大家蜷坐在车斗里。

凌晨 4 时左右，也就是当马明驾驶拖拉机刚刚驶上高速公路不久，行至环岛高速公路 387 公里 360 米处时，恰有一辆大货车从后面高速驶来，大货车在毫无减速的情况下径直追撞上了拖拉机尾部，拖拉机被撞后当即翻滚到了高速公路的路沟里，车斗里的 8 名村民连摔带压有 3 人当场死亡，没了生命体征，有 4 人受了重伤，马明本人和另一名乘车人受了轻伤，侥幸保住了性命。

肇事的大货车司机撞上拖拉机后，没有立即停车，而是将大货车停在了距离现场 1 公里外的应急车道内，大货车车头凹陷受损，而司机已弃车而去。

　　在这起事故中伤亡的村民，基本上个个都是家里的主劳力、顶梁柱。事一出，幸福安宁的家庭瞬间破碎了，村民王华（化名）的妻子阿梅在这起事故中不幸去世。事发时，阿梅坐在车斗靠后的位置，拖拉机侧翻后被压在了下面。王华说："我身体不好，家里家外都靠妻子料理着，家中的经济来源也全靠妻子干农活挣点钱，妻子没了，家里的天塌了。"

　　在车祸中，村民吴群（化名）也不幸离世，她的家里有丈夫、两个女儿、一个儿子和八十多岁的婆婆。

　　受了重伤的陈莉（化名）说，事故发生时，她坐在车斗中间的位置，由于天黑，天气又冷，拖拉机又没有挡风棚，她便拿围巾包住头，低头坐着，突然她感觉车被猛地一撞，还没有来得及做出反应，连车带人就被撞翻到路沟里了。车祸导致她全身多处骨折，至今无法动弹。医院诊断，她的肋骨断了八根，锁骨和骨

拖拉机上高速公路行驶被货车追撞造成车毁人亡

盆也裂了。

后经警方深入调查，肇事的大货车司机很快归案了。大货车司机叶飞（化名），家住山东，长年在海南从事运输。当警察问他发生事故的原因时，他说："当天晚上我拉了一车石子，卸货后准备前往东方市，事发时前方对面车道有汽车开着远光灯，一时间什么也看不清了，当看到拖拉机时已经来不及了，大货车就撞了上去。"警察又问："你不救人，为什么要跑？"他说："出了这么大的事，我一是害怕，二是怕警察追究我没本。"原来，叶飞 2015 年考取了大型货车驾驶证，由于经常违法，2019 年时大型货车驾驶证被公安机关降为了小型汽车驾驶证，只允许开小型汽车，已没有了开大型货车的资格。最终，公安机关对此事故做出责任认定，大货车司机叶飞无证驾驶追尾农用拖拉机是造成此次事故的直接原因，应承担事故的主要责任，拖拉机驾驶人无牌、无证且违法载人上高速，负事故的次要责任。这两人分别受到法律的严肃处理。另外，大货车的实际注册人和大货车所属的运输公司，因失管、失控，被国家相关部门以违反了生产安全管理的相关规定，构成重大责任事故罪追究了刑事责任。

上面所讲述的这起事故案例很典型，很有教育作用，警示广大驾驶人，一定要严格遵守国家相关法律规定，安全驾驶，平安出行，特别是拖拉机驾驶人，如果你拥有一台自己的拖拉机，请及时到相关部门上牌照，并按照规定买保险，如果你还没有考取驾驶证，请立即考取再上路。同时，切记不要在高速公路上行驶，更不要将拖拉机用于违规载人。《中华人民共和国道路交通安全法》第五十五条早有明确规定："**高速公路、大中城市中心城区内的道路，禁止拖拉机通行。**""**拖拉机可以从事货运，但是不得用于载人。**"

会车不当惹麻烦

敬 告
驾驶人

会车当中藏隐患，处置不当有麻烦。
夜间灯光使用好，礼让三先保安全。
掌控车速要适度，幸福与你一生伴。

　　会车，顾名思义就是两车相会。作为驾驶人，每天驾车上路可能要遇上无数次会车。但就是这个普普通通的会车，可能隐藏着巨大的安全隐患。道路交通安全法律法规对会车有许多严格的规定，一旦不遵守这些规定，就很有可能引发事故。那一件件因会车引发的血案，足以让我们在惊心动魄中认识到：会车万万不可掉以轻心！

　　北京的秋天是一年中最美丽的季节，也是个收获的季节。一缕缕带着凉意却又十分柔和的秋风吹过，更增加了人们的愉悦心情。

　　老鲁今年刚过四十，自己有一辆"福田"小货车，来往于各个建材市场从事货运工作。由于老鲁待人诚恳，为人厚道，受到了客户的广泛好评，有许多人即使排队等候也要用他的车运货。每次运货，他总是准时准点到达，车开得又快又稳。因此，他每天都有不错的收入。老鲁的妻子在一家超市打工，儿子上高中，聪明好学。这个三口之家虽然不是特别富裕，但日子过得也是其乐融融。儿子前些日子刚刚参加完高考，成绩不错，不出意外的话能考上一所好大学。这天，老鲁的电话响了："爸爸，我被北大录取了！"听了儿子的话，老鲁很兴奋，鲁家的历史上，还从来没有出过大学生，他开始憧憬儿子长大成才的那一天。赶快回家！他不由得加大了油门……

小胡来自四川，今年 20 多岁。别看他年龄小，修车的手艺却十分了得。几年前，他就在老家开始从事汽车修理工作，并且已是远近闻名。但是他并不满足，他认为，要进步就必须增长见识，自己这么年轻，应该到外面广阔的世界去看一看。于是，他毅然辞掉了收入不菲的工作，告别父母，一个人背起行囊，一路北上来到首都。北京对于他来说一切都是新的，一座座高楼大厦，一片片鲜花绿地，似乎他的梦想就在其中。他到京后借住在老乡家里，没几天的工夫，就联系上了一家经营高档汽车的 4S 店，并约好下午去面试。小胡满怀信心，因为他相信自己的手艺。似乎，新的生活就要开始了。

然而，这两个有着美丽梦想的人却在噩运中遭遇了。这天天色已黑，老鲁驾车在朝阳区金盏乡附近一条没有中心隔离设施的道路上行驶时，与一辆迎面驶来的大货车会车。由于当时对面车的速度很快，又开着远光灯，十分晃眼。老鲁连续用灯光示意对方关闭远光灯，远近光灯变换了几次，可对方却毫不理会。路窄、车快，慌乱中，老鲁本应将车速降下来，这样会安全一些，但他没有这样做，而是往边上打了一把方向，打算躲让一下。结果，对面来车是躲过了，黑暗中，却将在路边候车且毫无防备的小丁辗轧至车底。随后，车又冲上便道，与一根电线杆猛烈相撞。老鲁被压在驾驶室内，当场死亡。两条鲜活的生命，带着他们还没有实现的梦想，在刹那间消失了。

会车中，不应使用远光灯

　　以上这起事故，是因驾驶人在会车时采取措施不当，将路边行人撞死的典型案例。那么，如何才能做到正确会车呢？

　　《中华人民共和国道路交通安全法实施条例》第四十八条作出了明确规定，即在没有中心隔离设施或者没有中心线的道路上，机动车遇相对方向来车时应当遵守下列规定。

　　1）减速靠右行驶，并与其他车辆、行人保持必要的安全距离。

　　2）在有障碍的路段，无障碍的一方先行；但有障碍的一方已驶入障碍路段而无障碍的一方未驶入时，有障碍的一方先行。

　　3）在狭窄的坡路，上坡的一方先行；但下坡的一方已行至中途而上坡的一方未上坡时，下坡的一方先行。

　　4）在狭窄的山路，不靠山体的一方先行。

　　5）夜间会车应当在距相对方向来车 150 米以外改用近光灯，在窄路、窄桥与非机动车会车时应当使用近光灯。

除了上述法规规定之外，下面再向大家介绍一下日常行车中的一些会车常识。

会车时要"先让、先慢、先停"。应在会车前弄清来车及路面的交通情况，选择适当的会车地点，控制车速，稳住方向盘，保证会车时有足够的横向间距，靠右通过，做到安全会车。

在路面狭窄或道路两旁有障碍物的情况下会车，应根据对面来车的速度、路况选定交会点，正确控制自己的车辆。在视线不清的情况下会车，更应提高警惕，降低车速；夜间行车，注意及时变换灯光，并加大两车横向间距，必要时可停车避让；还应注意借助对面驶来车辆的灯光观察情况，看是否有移动的人或物体，以便及时采取措施，有效降低危险发生的概率。

第35课

儿童乘车"一要、四不宜"

**敬 告
驾驶人**

驾车举家外出中，儿童安全最为重。
怀抱方法不可取，孩子独玩亦不行。
警惕车辆急刹车，儿童座椅保太平。
为防儿童受伤害，安全知识要记清。

随着人们生活水平的提高，汽车已经步入千家万户的日常生活之中，小客车已经成为许多家庭常用的代步工具。现今在许多孩子的印象中，汽车已不再那么神秘，从上幼儿园、小学再到中学，许多孩子的出行经历都是在汽车上度过的。

我国儿童乘车的安全保护工作尚处于起步阶段。有关调查结果显示，我国八成以上的家长并不清楚怎样保护儿童乘车安全，国内汽车产品则有七成以上没有有效的儿童安全保护装置。而在汽车工业领先的欧洲，儿童安全乘车常识已经深入人心，保护孩子乘车的安全已经不是仅限于个别家庭考虑的事情，而是成为一种社会责任。公安部交通管理局提供的数据显示，全国每年死于道路交通事故的人数高达七八万，其中每 10 名死于交通事故的人中，至少有 1 人是儿童。在我国，交通事故已经成为造成儿童意外伤害的"第一大杀手"。

有两起这样的事故，一起是一辆"伊兰特"出租车和一辆"依维柯"客车相撞，一名 3 岁女孩因坐在前排，被撞飞出车外，摔死在路边；另一起是一名男士开车旅游途中，在通过一路口时，突然发现前方有行人横穿马路，情急之下一个急刹车，坐在前排的 6 岁儿子一头撞在风窗玻璃上，脸上当即血流不止。

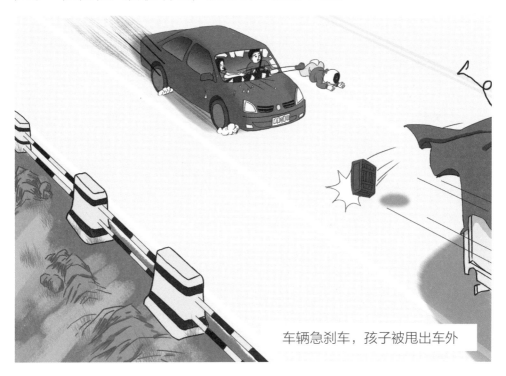

车辆急刹车，孩子被甩出车外

俗话说"车行万里，安全第一"。儿童这一参与交通的弱势群体应如何做到乘车安全？每一位家长都应该认真思考这个问题。下面给广大家长介绍一下乘车时保护儿童的正确方法，具体概括为"一要、四不宜"。

一、"一要"安装儿童座椅

当前，大量事实证明，安装使用儿童座椅是保护儿童乘车安全的一项有效措施。随着汽车逐渐进入百姓家庭，儿童座椅已越来越得到年轻夫妇的青睐。在这里提醒家长，使用儿童座椅的方法一定要得当。在孩子的成长过程中，家长至少购买两个不同种类的汽车儿童座椅。

3 岁以下的婴儿乘车时应该被安置在后向式儿童座椅里。随着孩子不断长大，后向式儿童座椅不再适用于年龄超过 4 岁或体重超过 18 千克的儿童。此时，应该改为面朝前方，使用座位加高的儿童安全坐垫，并以安全带固定身体的乘车方式。加高坐垫可以确保儿童正确的乘坐高度，让安全带从身体正确的部位绕过。系儿童安全带的正确方法应该是上身安全带必须从肩部中央靠近脖子的地方及胸前绕过，尽量减少空隙；腿部安全带则应从大腿上方髋骨处绕过，绝对不能跨过腹部。

许多家长都觉得，车辆低速行驶时并不危险，没有必要为孩子采取安全防护措施。然而事实并非如此。儿童乘车时必须获得保护，因为据有关部门验证，在发生车祸时，儿童本身就会成为一种动力而发挥作用。即使发生碰撞时的汽车时速仅为 50 公里，体重 20 千克的儿童自身的冲击力也会超过 1 吨。在汽车时速达到 70 公里时发生的正面碰撞中，一个没有采取任何防护措施的儿童，其自身产生的冲击力可高达 3 吨！这巨大的冲击力足以使孩子击碎风窗玻璃并

儿童座椅最安全

被抛到车外。这就不难理解为什么没有系安全带的儿童一旦发生车祸就很容易受到伤害。

二、"四不宜"

1. 12 岁以下儿童不宜坐前排

有的家长说:"我的车子有安全气囊,把孩子放在前排,系上安全带行不行?"确实,安全气囊作为一个安全装置,一般意义讲,对于预防事故很有效。然而对于儿童,安全气囊有时会起到相反的作用。

不久前,在北京某公路上,一辆"马自达"小客车与一辆"索纳塔"出租车相撞。"啪"的一声,出租车内的气囊弹开了,坐在前排乘客位的一个不满 5 岁的孩子被气囊深深埋住。"幸亏有气囊。"那一瞬间,出租车司机暗自庆幸。但随着一声惊呼,"我的孩子不行了!"坐在后座的父亲撕心裂肺地喊着……救护车以最快的速度将小孩送到了医院,但在进急诊室抢救那一刻前,孩子就已没了呼吸。医生说,孩子死亡原因是受到猛烈撞击后颈椎滑移,导致颈髓损伤。

据分析,对于成年人,安全气囊是安全的保障,但对儿童来说恰恰相反。儿童肌肉骨骼较成年人脆弱得多,汽车安全气囊张开时的冲力很有可能造成儿童胸部骨折、窒息、颈椎骨折等严重问题。多年前,美国也曾发生过一起 5 岁男孩坐在前排座位,结果被打开的气囊折断头颈致死的惨剧。

2. 家长不宜抱着孩子乘车

有的家长会问:"我们把宝宝抱在怀里不就没事了吗?"在街头会经常见到爸爸开着车,妈妈抱着小宝宝坐在前排的情景。其实这种做法是很危险的,确实你会感觉到坐在腿上的孩子很轻,然而即使汽车在时速 20 公里的低速下发生碰撞,孩子自身产生的冲力也会重得像一台冰箱,家长根本无力也无法及时给孩子提供保护。

再者,因为孩子坐得比较低,头部刚好在家长的胸部,如果发生猛烈碰撞,家长的胸部会自然向下压,猛烈压向孩子的头颈,对孩子造成极大的损伤。

还有一个比较残酷的说法是，把孩子抱在怀中，一出车祸，孩子就成了大人的"安全气囊"。因为在惯性的作用下，车祸发生时，家长不可能来得及保护孩子，很有可能在惯性和冲击力的作用下，对怀里的孩子形成挤压造成二次伤害。

实验证明，一名体重50千克的成年人怀抱一名10千克重的小孩坐车，当车速为每小时50公里时发生车祸，大人的瞬间冲力为1380千克，小孩的瞬间冲力为276千克；当车速为每小时80公里时，大人的瞬间冲力约2222千克，小孩的瞬间冲力约444千克。而人的骨骼承受能力，股关节为体重的3~4倍，膝关节为5~6倍，小腿骨能承受700千克的力，扭曲的负荷力是300千克左右。由此可见，即使在车速并不快的时候发生车祸，人体骨骼也承受不住自身和小孩产生的巨大瞬间冲力。最终的结果是，小孩从父母手中脱手而出，像子弹一样飞出去。

3. 不宜让孩子在车里做游戏

家长为了不让孩子纠缠自己，也为了全神贯注地开车，便让孩子在后排座上独自玩耍。车辆在行驶时，孩子肯定会随之东倒西歪，如果撞到车内硬物的话，那么肯定会受伤。此外，从设计上来说，后排座在汽车发生撞击时，可以用来吸收后方来车的撞击力。所以，把孩子放在那里游戏实在是不太安全。

4. 不宜让孩子头部探出天窗

家长把天窗或者车窗打开，让孩子探出头去看窗外的风景，也是不安全的，驾车的家长开启天窗或者车窗时，一定要照顾好自己的孩子。孩子有时淘气，不知深浅，需要家长时时叮嘱，时时保护。

这里还要特别强调，汽车以180公里以上的时速行驶时发生碰撞事故，任何安全措施都将无法保护车内乘员的生命安全。除了靠运气，这时谁也帮不了你。所以，务必不要超速行驶，否则，不仅没法保护自己的孩子，连你自己都保护不了。

第 36 课

提高警惕防"碰瓷"

敬 告
驾驶人

碰瓷行为实可恶，敲诈他人法不容。
做好防范是首选，及时发现可疑情。
万一遇事莫慌乱，抓紧时间速报警。
出门在外加小心，不让碰瓷来得逞。

当前，在人们日常生活中，不法分子采用不同手段敲诈机动车驾驶人的违法行为时有发生。社会上人们习惯地把这种违法行为称为"碰瓷"。这种违法行为不仅侵犯驾驶人的财富，而且严重影响机动车驾驶人的出行安全。这种"碰瓷"现象，不仅在闹市区多见，在城市主干道，甚至在高速公路上也会出现。下面向大家讲述一个在高速公路上发生的案件，望大家警觉。

包茂高速公路是我国南北向的一条交通主干线，北起包头市，南至茂名市，全长 3130 公里。驾驶人贾先生经常驾驶着自家的汽车往返于这条高速公路。

2021 年 6 月 24 日下午，贾先生驾车行至这条高速公路桂林地段时，在变更车道中突然听到车右后侧"嘭"地响了一声，瞬间他的车也晃了一下。随即他从后视镜中看到一辆黑色豪华品牌轿车，开着危险报警闪光灯，从后面追了过来，豪华轿车司机还降下车窗，伸手摆动让他停车，贾先生见状立即降低车速，把车停在了应急车道内。随后，那辆黑色豪华轿车也紧跟着停在了他的车后边。黑色豪华轿车司机一下车，就向贾先生喊道："你开车并线，把我的车剐坏了，反光镜都掉了，你是全责，你得赔我钱。"贾先生连忙检查自己的车，看到车右后侧还真有一条剐蹭的痕迹，他内心顿时产生一种不好的感觉，心想对方的车是一辆豪华轿车，比自己的车值钱多了，这可怎么办？贾先生向对方司机提出："我们还是报警等警察来处理吧。"但对方司机不同意报警，说："报警太费事，警察还得把车拖走，太耽误时间。"贾先生又提出走保险理赔，可对方仍然不同意，并坚持"私了"，贾先生勉强同意了。

当对方司机提出要 5000 元赔偿金后，还是让贾先生吓了一跳，这钱远远超出了他的预期，他不情愿出这么多钱。这时，从黑色豪华车上又陆续下来两个人，其中一人恶狠狠地喊道："你不

司机被"碰瓷"敲诈

给 5000 块钱, 今天你别想走!" 另一人假装给他人打电话, 大声向电话那头的人说道: "今天就是断了他一条胳膊, 他也得赔 5000 块, 少一分也不行!" 贾先生听得出这话实际上是那人在威胁他。

最终, 贾先生在对方的威逼下赔付了 5000 块钱后, 才得以脱身。贾先生上了车, 越想越气, 他没有继续往贵州方向走, 而是选择在最近的一个出口下了高速公路, 来到附近的一个派出所报了案。

警方接到报警后, 对此事高度重视, 立即组织警力对这辆黑色豪华轿车的行驶轨迹进行了系统梳理, 竟然发现这辆车曾经频繁地更换号牌, 形迹十分可疑。而在此时, 有一位热心车主给警方提供了一份他自己车上行车记录仪录制的视频。2021 年 6 月 24 日那天, 此人驾车行驶在贾先生车的后边, 他的行车记录仪完整地拍下了那天贾先生驾车遭遇的突发状况。

视频画面显示, 在黑色豪华轿车与贾先生的车发生碰撞之前, 黑色豪华轿车和贾先生的车距离并不近, 中间还隔着一辆大货车, 黑色豪华轿车几次试图接近贾先生的车, 却都没有成功。之后, 黑色豪华轿车选择从大货车的右侧强行超了过去, 超过大货车后, 黑色豪华轿车又突然向左打方向, 冲撞上了贾先生车的尾部。

这段视频清楚地表明, 黑色豪华轿车跟贾先生驾驶的车辆发生蹭撞并非意外, 而是刻意为之。结合贾先生描述的一些当时的细节, 警方认定, 这很可能是一起涉嫌故意制造交通事故, 从而实施敲诈勒索的刑事案件。

警方敏锐地感觉到, 这个案件可能不止这一起, 有可能是团伙多次作案, 其危害要比一般的敲诈勒索案件严重得多。因为在高速公路上实施这种犯罪, 极易导致交通事故, 而一旦出事, 又往往是群死群伤的重大恶性事故。

最终, 经过警方的全力侦办, 此案很快告破。涉案团伙共计

10 人，被全部抓捕归案，并查获用于作案的豪华品牌轿车两辆，假车牌八副。据警方统计，这伙人作案共计 84 起，敲诈勒索现金 14 万多元。梳理这个犯罪团伙的作案过程，有以下几个突出特点。

一是作案车辆全部是高档豪华品牌轿车，且这些车辆全部是他们向租赁公司租借的。这些高档豪华轿车，很容易让一些驾驶人在事发的一开始就产生一种畏惧感，想尽快答应对方的条件，赔钱了事。

二是作案范围广。据警方公布，这伙犯罪分子作案地域涉及广西、广东、贵州等七八个省市的十几条高速公路。有的作案车一天跑几个省份，行驶里程达 900 多公里。

三是作案手段不计后果。这个团伙为了达到敲诈敛财之目的，不计危险，驾驶汽车高速贴撞前车。这种情况稍有操作不当，即可造成车毁人亡的重大交通事故。有时，他们为了迫使受害车停车，坐在后座上的一名嫌疑人还常常打开车窗，手拿弹弓，将一颗如螺丝帽之类的东西射向目标车辆，制造出超车时发生碰撞的声音。

四是分工明确。这伙人作案时有着明确的分工，基本上是三人一组，组长负责开车，组织实施犯罪，车辆一旦踩撞后，由他先上去要钱，若对方司机不情愿给，另两人再上，一人唱红脸，上去说和，另一人则唱白脸，耍粗动武，殴打威胁被敲诈的司机。分赃时，他们也有区别，组长要分大头。

五是豪车"碰瓷"具有欺骗性。这个犯罪团伙在两年时间里，先后作案敲诈勒索了 80 多位机动车驾驶人，但据警方介绍，很少有驾驶人主动报过案，不少被敲诈过的驾驶人讲："当时真没想到他们会开着这么好的车'碰瓷'，又是在高速公路上，弄不好就会车毁人亡。"他们认为真的是自己的错，想尽快赔付对方，息事宁人。这种心态，无疑放纵了犯罪嫌疑人，使警方取证增加了难度。

上述的案例，对广大驾驶人有很好的警示作用。

第一，要做到自己不违法，避免如酒驾、强行并线等违法行为的发生，以防授人以柄，让不法分子有可乘之机。

第二，增强防范意识，提早发现可疑情况，妥善处置，万一遇到有人"碰瓷"，应迅速报警，防止被敲诈勒索。

疲劳驾车惹祸端

**敬 告
驾驶人**

疲劳驾车为哪般，害人害己惹祸端。
心底牢记三**要素**，首要便是好睡眠。
避开午夜行车段，体魄健康永平安。

　　驾驶人疲劳驾车是一种较为普遍的违法行为，因疲劳驾车而引发的交通事故更是比较常见。从生理学角度讲，驾驶人在行车中由于驾驶作业使其生理上、心理上发生某种变化，而在客观上出现驾驶机能低落的现象称为驾驶疲劳。健康的人连续驾车 2 小时后，由于连续不断地处理交通信息，大脑供氧减少，中枢神经疲劳，感觉迟钝，注意力变得散漫，不愿再做麻烦的动作，易省略正规的驾驶操作。在这种情况下，观察、判断和操作都易出现差错，从而导致事故的发生，成为悲剧的导火索。

　　李亮（化名）原本是名装卸工，前年夏天和老乡一起来到郊区的一个私营门市部，负责为商场、超市运送面粉。平时老乡负责开车，李亮负责装卸货物，俩人配合得基本还算默契。转眼不到半年，老乡嫌工作太累，索性辞职不干了。恰好李亮在家乡也考取过驾驶证，为了多赚些钱，他就主动找到老板，自己把这两份工作扛了下来，既开车又当装卸工，能挣双份工资。为此，他每天早上 4 点起床，晚上 8 点收车，工作忙忙碌碌，从早到晚非常辛苦。他凭借着一副"好身板儿"，硬是坚持着干了下来。转眼三个多月过去了，媳妇来信夸他能干，夸他给家里寄的钱越来越多了。但其中的辛酸李亮心里最清楚，他无非是为了多挣点钱，好赶在春节之前回家，把家里的几间土坯房换成大瓦房。随着门市部业务范围的扩大，李亮的工作量也较以往加重了，他比以前回去得更晚，出车更早。

这天下午，炎炎烈日晒得皮肤火辣辣地疼，李亮开着满载面粉的货车在灼人的柏油路上行驶着。从凌晨 3 点出车直到现在，他已经连续拉了 8 趟活儿，午饭都是在车上吃的。燥热的空气、混浊的油腻味儿，不住地往他鼻子里窜，弄得他脑子昏昏沉沉的。渐渐地，他的眼睛一阵一阵地犯迷糊，上下眼皮开始不住地打架，就在这短短的几秒钟时间，车失控了，小货车突然冲向了道路左侧，一头撞上了马路对面正常行驶的一辆摩托车和一辆残疾人专用车，当场就把两辆车的驾驶人撞成了重伤，后来这两名伤者因伤势过重相继死亡。最终，李亮被判刑入狱。

长时间驾驶导致司机疲劳过度，驶入逆行车道

同样，不健康的生活习惯，不正常的作息行为，也会导致疲劳驾车现象的出现。

除夕守岁是我国人民的民俗传统，按照风俗，这天晚上全家人都要聚在一起，热热闹闹地欢度佳节。但孙海涛（化名）这个节没在家过。孙海涛今年刚过"而立"之年，在社会上结交的朋友比较多。这年大年三十中午单位放假后，孙海涛没有直接回家，而是只给父母打了个电话就奔了朋友家。原来，他早在过节的十多天前就和几个要好的朋友约定，趁着过节的时候好好搓搓麻将。因为平常业务忙，很少能放松一下，从中午1点开始，几个人就坐在麻将桌上，一边侃着"大山"，一边"搓"着麻将，有说有笑，街面上噼噼啪啪的鞭炮声，对他们没有丝毫影响，年三十晚饭都没正经吃。午夜12点了，外面的爆竹声越响越密。"咱们哥儿几个也出去放放炮吧！一年了，'嘣嘣穷'"牌友张三提议。"放什么炮啊，好不容易凑在一块儿，再说别人放炮咱们听响不是一样吗？"孙海涛极力阻拦着。

这一桌麻将玩下来，不知不觉已经到了凌晨5点半，有两个人困得实在扛不住了，才散了伙。孙海涛开车从朋友家出来，往家赶路。朋友家在海淀区，自己家住在朝阳区最东边，相隔20多公里的路程。一路上，孙海涛因为犯困，不住地打着哈欠，双眼发涩。当车从京通快速路双桥出口出来后，孙海涛困得有点支持不住了，用手使劲揉揉眼，加速继续往前开，他想早点赶回家。当车由西向东行至桥下路口中间时，孙海涛突然觉得自己的左侧有车辆开过来，他本能地向右猛打方向，车一时失去控制，猛然向右翻滚，撞在了道路右侧的电线杆上，孙海涛本人当场身亡。

因驾驶人忽视疲劳驾车的危害性，导致恶性事故发生的教训，值得每一个人深思。关于禁止疲劳驾车，《中华人民共和国道路交通安全法》第二十二条作出明确规定："**过度疲劳影响安全驾驶的，不得驾**

驶机动车。"那么，如何防范疲劳驾车呢？应注意以下三个方面。

一是保持合理的休息和睡眠。从预防事故的角度讲，驾驶人应当在稍感疲劳时就休息一下，这是非常必要的。足够的睡眠时间，是消除驾驶人疲劳，保证行车安全的最好办法。据专家介绍，一般情况下，驾驶人每天睡眠应不少于 8 小时，开夜班车的驾驶人白天睡眠还要适当增加时间，因为夜间睡眠效果要比白天好。经测定，白天睡眠 8 小时，其效果仅相当于夜间相同时间的 71%。

二是尽量避免夜间或午间行车。一方面因夜间行车条件较差，驾驶人需频繁应对各种情况，体力消耗大；另一方面夜间容易瞌睡，会加速驾驶人疲劳，这种瞌睡状态在午夜至凌晨 6 点较为突出，因而事故发生概率较高。因此，每天驾车时间应以不超过 10 小时为好，深夜行车不要连续超过两次，以避免驾驶人在心理和生理机能上受到过大影响。此外，午饭后也是容易产生疲劳感的时候。由于午饭后人体的血液大量流入消化器官，驾驶人会出现疲倦的感觉，如果驾驶室内通风不良，二氧化碳含量高，都容易增加驾驶人的疲劳。

三是保持良好的体能和精力。驾驶人要根据自身年龄、性别的不同，采取不同的措施预防疲劳驾车。年纪大的驾驶人和女性驾驶人，精力恢复比较慢，休息的时间要比年轻小伙子长。年轻人也不可心存侥幸，认为自己身体好又年轻，路程近，多跑几趟没关系。其实，人的生理能力是有极限的，行车中必须有一个良好的身体状态作保证。当驾车中有疲惫感的时候，应设法将车停在安全地点休息一下，再继续驾车，尤其是在高速公路行车更要做到这一点。

从事驾驶中型以上载客汽车、危险品运输车辆的驾驶人更要注意，公安部在 2021 年 12 月 17 日颁布的《道路交通安全违法行为记分管理办法》（中华人民共和国公安部令第 163 号，简称 163 号令）中作出了更加严厉的处罚规定，即连续驾驶中型以上载客汽车、危险品运输车辆超过 4 小时未停车休息或停车休息时间少于 20 分钟的交通违法行为，一次记 9 分。

第 38 课

孩子偷开车，家长有责任

敬 告
驾驶人

孩子从小不娇养，首位责任是家长。
车辆钥匙未收好，孩子偷开怎得了？
一旦车祸出人命，害了孩子毁家庭。

　　随着汽车逐步走进寻常百姓家，私家车的管理已成为一个新的话题。许多车主在回家后，经常把车乱停乱放，把钥匙随手往家里一扔。殊不知，如果看管不好，车钥匙一旦落入孩子的手中，孩子偷偷驾车上路，交通事故难以避免。

　　小迪是某区艺术学校的学生，留着一头前卫时尚的"爆炸式"发型，从上到下一身名牌打扮，花钱从来都大手大脚。小迪的家在东北，父亲是一位生意人，家境比较好。前不久，一家人迁居到北京，住在北京一处著名别墅区。小迪从小就喜欢汽车，8岁时，就在父亲的指导下开始摸"奔驰"了，时不时由他父亲指导，上路开开车。此后的 8 年间，小迪常常去各种赛道开车，卡丁车、跑车、改装车等各式各样的车都开过，用他自己的话说："我对自己的开车水平非常有信心。"

　　转眼间，小迪还差一个月就满 16 岁了。刚过完春节，小迪的父亲就前往四川去做生意，家里就剩下妈妈和他了。一天下午放学后，小迪回到家里，百无聊赖地玩着电脑游戏，心里琢磨："真没劲，去哪玩好呢？"晚上 11 点多，手机响了，是他的一个小伙伴儿打来的。

"干啥呢？小迪。"

"还能干啥，家里待着呢！"

"真老土，快出来吧，咱们玩去，大家都等着你呢。"

"行，我马上过去！"

说罢，小迪立即脱下宽松的睡衣，换上了一套紧身牛仔装，抓起钱包就准备出门。"哎……"他小眼珠一转，心里突然想出了一个主意。他悄悄溜到父母的卧室内，从鞋架子上的罐子里熟练地摸出了一串车钥匙。"哈哈，终于又能试试手啦！"小迪兴奋地拿着这串车钥匙直奔地下车库，不一会儿，一辆黑色的"奔驰"轿车，在小迪的驾驶下转眼间消失在了夜色之中。

小迪开着这辆车驶入了建外大街，他准备到赛特去找几个朋友玩。可他在建外大街由西往东行驶时，车走过了头，他一看路上没警察，就准备从建华路口赶紧掉头返回赛特。可谁知，就在他掉头的瞬间，从路口北侧行驶过来一辆自行车，小迪几乎没来得及采取任何措施，一下就将骑车人撞飞了出去。他十分害怕，慌不择路地驾车逃离了出事地点。交警很快到达了出事现场，被撞的骑车人是一位40多岁的外地民工，因伤势过重当场死亡。通过现场勘查，交警发现地面上有少量遗留的肇事车辆的黑色漆片，并根据目击者提供的车牌号，连夜找到了肇事者小迪。

这是一起比较典型的未成年人驾车肇事致人死亡的事故案例。这一案例警示家长们，一是要保管好自己的汽车，不要将钥匙乱扔乱放；二是要教育好孩子，尤其是对爱动车，又没有驾驶证的孩子，更要教育到位。一旦孩子偷开车出事，不仅仅是经济损失的问题，对孩子的成长、前途等都会造成巨大的影响。再者，孩子偷开机动车，也往往极易造成孩子自身的伤害，轻者受伤，重者死亡，以往在这方面出的事故并不少见。

呀！这车怎么没有司机呢？

不要给孩子偷开车制造机会

呀！原来是个孩子

孩子一旦偷开车出事，害孩子也害家庭

第 39 课

斗气能斗出什么！

敬 告
驾驶人

你超我别斗气车，十有八九事故多。
赌气本是事故源，忍让使得心境宽。
不论有理或无理，控制冲动防心急。

　　俗话说："忍一时风平浪静，退一步海阔天空。"这句话主要强调的是人的心态，在遇有不顺心的事儿时，要冷静三思，不能凭一时之勇而做出傻事来。作为一名驾驶人更应该做到这一点，因为机动车作为一种高速行驶的交通工具，危险随时伴随着你，所以在行进中容不得驾驶人有半点的差错。如果不能够保持一个良好的心态，与他人逞强、斗气，不仅有碍公共安全，到头来既会害人也会害己。

　　"就是这人打的我。"一天晚上 8 点多，当新街口派出所民警到达德胜门桥东南角时，看到一辆墨绿色的"思域"车和一辆银灰色的"宝来"车停在德胜门桥与二环路的交叉口，一名中年男子正捂着鼻子，手指间还流着血。原来，驾驶"思域"车的司机李天华（化名）想从德胜门桥向北走，开着银灰色"宝来"的徐强（化名）想绕过德胜门桥往西上二环，两人开到了一个交叉点互不相让。两个人先是降下窗户破口大骂，情绪非常激动。接着，一场口角之争慢慢演变成打斗，双方都动了手，在打架的过程中，徐强被李天华一拳打得鼻梁骨折，构成轻伤。

行车不要相互斗气

二人互殴，两败俱伤

"谁想到就因为开车会遭这么大的罪啊？"徐强一副惊魂未定的样子。李天华也唉声叹气地说："真不值啊，当时要能忍一忍至于到现在这地步吗？"

前不久，在《检察日报》上刊登了一条题为《悲剧在飞驰的车轮下发生》的报道，一名汽车司机因和保安发生矛盾，结果将一对无辜夫妇双双撞死。这件事，也是一个比较典型的因司机不能控制心态，而导致重大交通事故发生的案例。

事件的经过是，一天晚上 9 时，姜泼（化名）在青岛市一酒店就餐结束后，因停车问题与酒店保安秦某发生口角，并动手将对方面部打伤，当秦某站在姜泼驾驶的轿车前，试图阻止她离开时，姜泼起动了汽车，伴随着发动机的轰鸣声、轮胎与地面的摩擦声，小轿车将保安顶起后，摇摆着继续向前飞驰，途中又将等待过马路的周某夫妇撞出十几米远。此时的轿车不但没有减速，反而加速前行，直到在数百米外与另一辆汽车发生追尾后才停了下来。事故造成保安秦某重伤，周某夫妇死亡。

事后，姜泼因涉嫌以危险方法危害公共安全罪，被青岛市人民检察院依法向该市中级人民法院提起公诉。在青岛市中级人民法院审理此案当天，可容纳 300 多人的审判大厅座无虚席，许多市民是站着听完整个庭审过程的。年逾七旬的刘大爷早上 7 点就出了门，搭乘出租车穿越了大半个青岛城赶到法院。他在排队等待进入审判庭时说："我跟当事人非亲非故，我来就是为了看看正义是怎样得到伸张的。"

法庭上的姜泼很憔悴，看得出，几个月来，巨大的心理压力和沉重的负罪感让她心力交瘁。整个庭审过程中她始终低着头，说话的声音微微发抖。对于撞死周某夫妇的事实，十几份证人证言从不同角度证实了事发现场的惨烈。面对检察官的询问，姜泼承认当时只顾把保安甩下车，"根本就没有注意路面情况"。在法庭陈述时，姜泼泣不成声，她为自己因一时的冲动，导致一对年轻夫妇的死亡而深深自责，她表示将长期地在自己能力范围之内，帮助被害者家属。最后，姜泼被判刑入狱。

《中华人民共和国道路交通安全法》第二十二条明确规定："**机动车驾驶人应当遵守道路交通安全法律、法规的规定，按照操作规范安全驾驶、文明驾驶**。"这是每一名驾驶人都应当自觉遵守的安全行车准则。以上两起案例的司机，无不是在行车中因为一点小小的摩擦，而导致矛盾的加剧。

目前，在大城市中，道路经常发生交通拥堵，有很多都是人为因素造成的。有时候，两辆车"蹭"了一下，甚至连漆皮都没有碰掉一块，两个司机却在那里争论不休，以至造成道路的通行不畅；还有，在通畅的路面上，时不时看到"飞车""飙车"的情景，你超我、我"别"你，造成正常行驶的车辆受到严重影响，有的甚至引发交通事故。交通安全关系到千家万户的幸福，开车跟做人一样，多一些宽容，多一些体谅，可以使一切不理智和冲动烟消云散。

第40课

靠边停车"两必防"

敬 告
驾驶人

靠边停车勿着急，出了事故害自己。
先防贴边挤碰人，后防车门当凶器。
交通安全牢牢记，烦恼事情不找你。

在日常行车中，驾驶人在靠边停车时因措施不当而引发的交通事故时有发生。有的将行人、骑车人挤倒摔伤，有的用车门将自行车或摩托车剐倒在车道内，导致骑车人或摩托车驾驶人被其他车辆辗轧身亡。

多年前，在北京曾发生过一起十分惨烈的交通事故。一位年仅28岁的部队战士，在骑自行车时，因受一辆出租车车门的剐碰，被一辆疾驰而过的大货车当场辗轧而死。

这位战士姓江，是一个从大山里走出来的孩子，从16岁入伍服役到后来转为志愿兵，成为维修技师，在部队某机场一干就是12年。小江靠着自己的努力钻研、勤奋好学，成为场站里数一数二的业务尖子。由于表现突出，技术过硬，部队破格把他由志愿兵提升为中尉参谋，出事当天他刚刚接到任命。对于他的提升，战友们纷纷前来表示祝贺，在大家的提议下，当天中午，他简单地准备了一些酒菜，与七八位战友共庆这喜讯的到来。没成想，饭吃到一半的时候，啤酒喝没了。为了不扫大家的兴，小江说："你们等着，前边不远就有小卖部，我买酒去。"说话间，小江骑着自行车快速地出了部队大院。

当小江骑车由东向西快到小卖部的时候，发现前方的马路边上停着一辆出租车，小江下意识地向左一转向，准备从出租车的左侧骑过去。这时，出租车的左前门突然被司机从内侧推开，小江的自行车被车门剐碰失控后，一下子连人带车摔倒在马路中间。此时，正遇有一辆大货车从后方疾速驶来，因距离近，情况突然，司机来不及采取任何措施，大货车瞬间从小江身上轧了过去……

部队领导和战友们得知小江出车祸的消息后，无不为他感到惋惜。在料理小江的后事时，部队将小江的亲戚 20 余人从山西老家专程接到北京，随行亲属中有小江已 84 岁高龄的爷爷，部队领导怕老人经受不住打击，没有将小江出车祸的实情告诉他。老人到北京后，还对部队领导很得意地一再夸他的孙子："我们家这小

车门把骑车人剐倒

骑车人被剐倒后遭大货车辗轧

子最争气，他在家排行老五，有四个姐姐、一个妹妹，这孩子最要强，懂事孝顺，从小就想着要当兵，这次还让全家人都到北京来逛逛，真是有出息！"听了老人的话，在场的人们无不感到心酸，眼里含满了泪花，有的人控制不住，偷偷转过身去，擦去流出的泪水。老人哪里知道，他的乖孙子此时此刻已经永远地离开了人间。

血的事实告诉人们，在复杂的道路交通环境里，交通状况始终处于变化之中。因此，为防范惨剧的发生，驾驶人在靠边停车过程中应做到"两必防"。

第一，必须防备在减速靠边停车时将自行车、行人挤倒。针对这种情况，《中华人民共和国道路交通安全法》第五十六条作了明确的规定，即机动车**"在道路上临时停车的，不得妨碍其他车辆和行人通行。"**

　　第二，驾驶人或乘车人不能猛然开启车门，防止将车后行进中的自行车或摩托车剐倒。这种情况一旦发生，后果将是十分危险的。电动自行车、摩托车行进速度相对较快，受车门突然开启的剐碰，容易失去控制摔倒在机动车道内，被其他行驶的机动车辗轧。《中华人民共和国道路交通安全法实施条例》第六十三条对开启车门的行为也作出明确的规定："**车辆停稳前，不得开车门和上下人员，开关车门不得妨碍其他车辆和行人通行**。"在此，提醒广大驾驶人，停车开门时，不仅自己要注意观察两侧是否有异常情况，同时有责任提示乘客，在后方没有异常的情况下再打开车门，这样方可确保安全。否则，一旦发生交通事故，是要负全部责任的。如前边讲到的案例，出租车司机事后被判定负事故的全部责任，他不仅支付了巨额赔款，被吊销驾驶证，还被判处有期徒刑两年。

第41课

掉落、滚动——装载之大忌

敬 告
驾驶人

货物装载不规范，伤及无辜实可怜。
心中切记三不要，牢固平衡不超宽。
超高超长不允许，谨防滚落保安全。

当前，在道路运输过程中，因车辆装载货物不牢固而引发的交通事故并不少见。特别是在高速公路上，机动车都处于高速行驶状态，一旦货物掉落、遗洒、滚动，造成的后果都是相当严重的，不仅会伤害到一些无辜的车辆，有时也会造成驾驶人本人的伤亡。

来自河北省的司机胡某驾驶着自家的大货车，满载一车办公用的铁皮柜子，行驶在京哈高速公路进京方向的路上。

前些天，胡某的哥哥在河北省香河县为北京市的一家企业订购了一大批铁皮柜子。由于时间紧、运费高，胡某的哥哥急忙签订了购货合同，并东拼西凑付上了5万多元的货款后，急匆匆地揽下了这趟"肥活儿"。去的路程相当顺利，他们还顺便帮另一个单位装运了一车货物，净赚几千元。购货的过程也非常顺利，但是在装货的时候遇到难题。由于铁皮柜子表面滑，不容易捆扎，捆扎过紧还会毁坏货物。胡某和哥哥认为，路程近、道路平坦，不一会儿就能到达，于是简单捆绑了一下之后就上路了。在进京的路上，哥俩儿高高兴兴的。谁想到车刚进入北京管界不久，突

153

然发生了意外。由于货物捆扎过松，车辆在高速行驶过程中，一个铁皮柜子散落在了左侧的行车道上，胡某发现情况后立即紧急刹车，准备捡拾这个柜子。这时，恰巧有一辆"奥迪"小客车在左侧车道疾驶着，当"奥迪"车司机突然发现前方货车掉下一个柜子时，急忙打方向向外躲闪，此刻，又遇大货车急刹车，小客车的前部猛烈地撞在了大货车的尾部，造成小客车上一家三口全部受伤，其中司机刚满两岁的孩子在事故中伤势最重，右眼几乎失明。胡某也为这起事故付出了经济代价，除了向采购方赔偿了违约金以外，又赔偿了伤者的医药费超过8万元。

在京津塘高速公路进京方向发生过一起货车司机被自己所载货物压死的交通事故。当时，丁立军（化名）驾驶一辆大型半挂货车由天津向北京某汽车制造厂运送造车用的卷钢。这批货是刚

货物捆扎不牢导致严重事故

从韩国进口的，汽车制造厂着急用，每个卷钢的质量为 20 吨左右，司机丁立军一车拉了 4 卷。当货车行驶到京津塘高速公路进京方向 21 公里处时，前方与丁立军同方向行驶的两辆车突然发生剐蹭事故，丁立军随之猛踩刹车躲避。由于车辆在高速行驶中，受刹车惯性影响，捆扎卷钢的拉链绷断，4 捆卷钢瞬间滚向了汽车的驾驶室。结果，驾驶室一下子被压瘪了，司机丁立军当即死在了驾驶室内。

关于装载货物，道路交通安全法律法规中有着明确的规定，每名驾驶人必须严格遵守，特别是在长途运输又需在高速公路上行驶的时候，货物的装载安全问题更为重要。根据日常经验，本文总结了装载货物"三不要"。

一是车辆载物要规范，不要超长、超宽、超高载物。超限载物不仅会影响驾驶人的观察视野，同时也会对道路上其他车辆、行人的正常通行造成影响，严重时甚至会引发交通事故。《中华人民共和国道路交通安全法实施条例》第五十四条规定："**机动车载物……装载长度、宽度不得超出车厢，并应当遵守下列规定：（一）重型、中型载货汽车，半挂车载物，高度从地面起不得超过 4 米，载运集装箱的车辆不得超过 4.2 米；（二）其他载货的机动车载物，高度从地面起不得超过 2.5 米；（三）摩托车载物，高度从地面起不得超过 1.5 米，长度不得超出车身 0.2 米。两轮摩托车载物宽度左右各不得超出车把 0.15 米；三轮摩托车载物宽度不得超过车身。载客汽车除车身外部的行李架和内置的行李箱外，不得载货。载客汽车行李架载货，从车顶起高度不得超过 0.5 米，从地面起高度不得超过 4 米。**"

二是货物捆扎要牢固，不要造成货物遗洒、飘散，特别是对于拉运渣土、沙石的大型货车，一定要进行苫盖，对于容易移动的物体也应当捆扎牢固，防止货物脱落、遗洒。《中华人民共和国道路交通安全法》第四十八条规定："**载物的长、宽、高不得违反装载要求，**

不得遗洒、飘散载运物。"

　　三是质量分配要平衡，不要人货混载。在运输过程中，驾驶人要尽量将货物摆放平整，质量不要集中偏向一边，以免在高速行车中造成车辆重心偏离。同时，禁止人货混载，以免因货物移动造成人员挤压伤亡的事故。《中华人民共和国道路交通安全法》第五十条规定：**"禁止货运机动车载客。货运机动车需要附载作业人员的，应当设置保护作业人员的安全措施。"**

第 42 课

老年驾车必备五招

敬 告
驾驶人

老年驾车眼睛花，光线强弱适应差。
风窗玻璃常清洗，前照灯罩勿忘擦。
保证视线是关键，窗明灯亮事不发。

人到老年，身体器官各项功能减退是一种自然规律。如果你已经年过半百，那么无论你吃多少胡萝卜素，视力都可能不像你想得那么好了。

从科学角度讲，一位 50 岁的驾驶人在天黑后需要 2 倍的亮光，才能达到 30 岁的驾驶人一样的视力，但多数老年人并未意识到这一点。

在健康正常的眼睛中，光通过瞳孔，经晶状体聚焦后到达眼睛后方的视网膜，在视网膜上成像。在光线昏暗或黑暗的环境中，眼睛通过瞳孔扩张让尽可能多的光线进入。虹膜（眼球中包围瞳孔的一层带色素的球形可伸缩薄膜）含有纤细的肌束，能够控制瞳孔的大小。随着年龄的增长，这些肌束就像人体的大多数肌肉一样，会渐渐衰弱下去，无法再像年轻时那样根据需要作出回应，使更多的光线进入瞳孔。结果是当你试图在光线不佳的环境中看清周围的物体时，瞳孔却不够大。

当光线突然变强或变弱的时候（譬如说一辆开着前照灯的汽车驶近，然后又开过去），老年人由于虹膜中控制瞳孔伸缩的肌束变弱，会影响到眼睛的调节能力。对老年人来说，这个过程要花更长的时间。这意味着从亮处换到暗处，或从暗处换到亮处，老年人更容易看不清，需要更长的时间才能适应。另外，人眼球中的晶状体变浑浊会使光线发生散射，这会导致某些场合下（譬如晚上开着前照灯的汽车驶近时）眼睛暂时失明。所以，据统计，夜间发生交通事故导致死亡的人数是白天的 3 倍。

老人驾车应做好必要防护

在此，我们建议驾驶人在驾驶车辆时要做到下面几点来改善视力。

第一，晴天开车时要戴太阳镜和有帽檐的帽子，以保护眼睛。强烈的阳光会损害眼睛的感光体，延长眼睛适应黑暗的时间。一般来说，从亮处进入暗处后，人的眼睛在半个小时后才能完全适应黑暗，但长时间暴露在强烈的阳光下会使这个过程延长几个小时。

第二，彻底清洗汽车的风窗玻璃，至少每周清洗一次。和晶状体浑浊一样，汽车风窗玻璃太脏也会使光线发生散射，令驾驶人在强光下视线模糊。同时也要清洗汽车前照灯灯罩，薄薄一层尘垢就能使汽车前照灯的灯光减弱 90%，令驾驶人更难看清路面。

第三，如果你戴眼镜，也要记得擦净眼镜，道理和汽车风窗玻璃一样。配新眼镜时，一定要给镜片加上一层防反射的薄膜。

第四，晚上不要直视对向驶来的汽车，即使它们的车灯不那么刺眼。在这种时候，视线应该向右偏 20°，用眼角的余光向前看。

第五，夜间开车时要减速，增加与前一辆车之间的车距，确保能在汽车前照灯照亮的范围内把车停下来。

第43课

车辆出现意外"八个怎么办"

敬 告
驾驶人

出现险情怎么办？无序操作准玩完。
区别情况定对策，一二三四有板眼。
千钧一发不慌乱，绝险境中求平安。

行车中制动突然失效、发动机突然熄火了该怎么办？相信许多驾驶人遇到这种情况都会十分挠头。下面向大家介绍一些必要的处置方法，归纳为行车中突遇意外情况"八个怎么办"。

1.制动突然失效怎么办？

行车中突然感到制动失效时，应继续不断地用力踩踏制动踏板，同时慢慢拉紧驻车制动（手刹），并开危险报警闪光灯，鸣喇叭，以示警其他车辆。如果仍无法停车，应立即将变速杆换至低挡位，并利用路旁土堆、树木等坚实障碍物擦剐车体减速。

2.行车中发动机突然熄火怎么办？

汽车在行驶中，如果油路、电路出现故障，一般都有先兆。例如发动机发出"突突"的声音，动力忽强忽弱等。一旦出现这些情况，千万不要挂空挡，不要踩离合器。要利用车辆惯性，带动发动机再次起动。如果起动失败，要靠边停车，打开危险报警闪光灯，检查故障。

　　首先要检查汽油滤清器里面有没有汽油。如果没有，说明是油箱没有油、油路堵塞、汽油泵损坏；如果有油，说明油路正常。其次再检查电路。检查电路时，要先检查分缸线。如果分缸线没有高压电，再检查高压线有没有高压电。如果高压线有高压电，说明分缸线和分电器盖损坏。如果高压线没有高压电，再检查点火线圈低压线是否有电。检查的方法是把低压线和车身点接触搭铁，如果低压线没有电，就可能是点火系统熔丝熔断，或是点火开关烧蚀，如果检查熔断器盒没有熔丝熔断，就应该把点火开关后面的线头全部拔下。最粗的（红色）是电源。把另外几个线头依次连接，观察仪表有无反应，有反应的是点火线。连接好以后，再找起动线，便可以起动发动机。

　　这里特别提醒的是，如果您开的车是带转向助力的车型，发动机一定不能停转。如果上述故障已经出现，就要利用车身惯性带动发动机转动，赶紧靠边停车。因为发动机一旦停止转动后，转向助力马上停止，制动助力也马上停止。此时转动方向盘很费力，车辆继续滑行时，踩制动踏板也特别费力。驾驶人如果没有一定的心理准备，就很可能发生交通事故。出现故障后不要慌张，采取措施要果断，事故还是可以避免的。

3.轮胎爆裂、车轮脱落怎么办？

　　行车中突遇轮胎爆裂、车轮脱落的情况，应紧握方向盘控制行驶方向，不要惊慌失措盲目急踩制动踏板，应间歇踩踏制动踏板，尽量将车平稳停住。

4.夜间会车灯光突然熄灭怎么办？

　　应立即踏下制动器踏板，将车平稳停住并向安全的地方停靠。

5. 油门涩滞怎么办？

行驶中如遇加速踏板突然卡住（油门涩滞），应立即将变速杆放入空挡位置，踏下制动踏板，将车停住。停车后应拉紧驻车制动器，关闭发动机，然后再排除故障。

6. 转向失灵怎么办？

行车中如突然出现转向失灵（方向盘空转）或方向盘转不动的情况，应立即踏下制动踏板，控制车速。若车辆行驶在弯道时，转向突然失灵，往往车辆会冲出路面撞车或翻车。此时一方面应紧急制动，另一方面要握紧方向盘，让身体后仰，紧贴着靠背，随着车体翻滚。车辆在翻滚中，一定要避免身体在驾驶室里滚动，身体撞击铁质器物而受伤。

7. 车辆起火怎么办？

大多数汽车失火的原因是电路系统发生短路，如果未备有灭火器，可用一大块布覆盖着火的电线，使它熄灭，千万不可赤手拉扯着火的电线。汽车加油、保养或撞车翻车过程中，也易由于燃油被明火点燃而引起火灾。此时，驾驶人应注意以下几点。

1）立即切断油源。

2）关闭油箱开关或取走汽车上的油。

3）关闭点火开关后立即设法离开驾驶室。

8. 迎面有车冲来怎么办？

如果出现这种情况，可将车驶向右方，切勿驶向左方。迎面而来的汽车驾驶人可能为了避免与你相撞而决定转向右方，如果你驶向左方，将与其迎头相撞。同时应降低车速，减轻冲力。必要时，应该将车驶出路面，把车道让给对方，这将远胜于与他车迎面相撞。

第44课

行至人行横道“让”为先

敬告
驾驶人

人行横道是座山，车行其前让为先。
人行横道是条河，车行其中莫争前。
斑马线内相礼让，行人车辆保安全。

人们习惯将人行横道线称为“斑马线”。它是包括少年儿童在内的所有交通参与者都熟悉、明确的一种保护行人横过道路的交通安全标线。行人在人行横道内横过道路时具有绝对的路权，即优先权。所有车辆在行经人行横道时，如果遇行人在人行横道内行走，则必须停车避让。行人也只有在人行横道内行走时，安全才会得到保障。因而人行横道又被人们比喻为行人的“生命线”。

然而，安全是相对的。假设机动车驾驶人在通过人行横道时没有避让意识，不注意观察情况，而是总想快点抢过去，那么致人伤亡的事故将随时可能发生。

一天早晨6点多，在北三环安贞桥东侧由东向西方向辅路进主路的入口处，“嘭”的一声响后，随之传来了尖锐的汽车急刹车声。人们驻足望去，一幕惨剧展现在面前。一名在人行横道上行走的中学生被一辆白色的“依维柯”旅行车撞出后又被辗轧在车轮下，鲜血顿时喷溅在路面上，中学生当场死亡。

这名中学生叫小松，今年17岁，是北京某重点高中的高三年级学生，学习成绩非常优秀。事后，他的班主任对民警说："小松在上小学的时候就连年是'三好学生'。初中毕业后，又以优异的成绩被保送到这所市重点高中来。今年高考，小松肯定能考上清华大学。没想到出了这事，真是太可惜了。"

小松是家里的独苗，由于早产，一出生体质就很弱，在"氧箱"里待了相当长一段时间，夫妇俩倾尽全力才得以保住这个小生命。小松一天天长大，全家人对他可谓"放在手里怕掉了，含在嘴里怕化了"。小松也很讨人喜爱，懂事乖巧，常常哄得全家人喜笑颜开。上学后小松更是争气，学习从来不用大人操心，也从来没有在外面惹是生非。他在居住的小区里是个出了名的好孩子，周围的邻居都说这孩子老实仁义，特别听大人话，平时见了谁都主动打招呼，很有礼貌。小松每天早晨不到 6 点起床，吃完妈妈做好的早点后，爸爸骑上自行车带着他驶出小区到北三环辅路，然后小松下车由北向南从人行横道穿过辅路，到路对面坐公交车去学校，爸爸总是嘱咐小松过马路一定要走人行横道，每次都是看着小松从人行横道过了马路后才骑车去上班的，天天如此，从未间断过。恰巧事发当天小松的爸爸生病，早晨没起来，是妈妈用自行车送的他，送到辅路，妈妈说："你先过去吧，我去买份晨报。"谁知这竟成了母子俩的诀别。

小松被撞时他的母亲就在现场，只是隔了一段距离，当时她还不知道被撞的就是自己的儿子。妈妈先是听到周围有人说那边撞人了，并没在意什么，接着又有人说可能撞了一名学生，她这才感到有些不对劲儿，加上撞人的方向正好是儿子过马路的位置，就赶紧跑了过去。当看到地面上的书包时，她心里"咯噔"一下，再向前走，看到白色的旅行车下面压着一个人，俯身一瞧，正是自己的儿子，当即晕了过去。此时有认识小松的邻居已经与孩子的爸爸取得了联系。爸爸不顾重病的身躯，一路跑着来到了现场。

妈妈清醒过来后扑到小松的尸体上撕心裂肺地哭喊着:"这是杀人,这是杀人呀……"再次昏过去。爸爸跪在医生面前恳求救救自己孩子,尽管医生告诉他孩子已经死亡了,可他说什么也不相信,语无伦次地说着:"怎么可能死了呢?这怎么可能呢?刚才还在家跟我说让我多注意身体呢,怎么这一会儿人就没了呢?不可能,不可能,求求你们再救救孩子吧,他不能死呀,他死了我们家就完了……"此情此景令在场的人无不痛心唏嘘,纷纷谴责肇事者。

经事后调查,肇事司机刘某,学会开车还不到半年时间。这起事故的发生完全是他麻痹大意、没有避让行人所致。刘某事后被判处有期徒刑三年。

由于刘某的过失,给小松的家庭带来了深重的灾难。小松的奶奶闻讯后生命垂危,父亲卧床不起,母亲一下子精神失常,在相当长的时间里坚决不让火化尸体,并每天仍按时给小松做早点,然后拿着早点到小松出事的地方,在路边摆好,口中念叨着:"松,妈妈给你做好早点了,都是你爱吃的,多吃点,妈妈对不起你。"

客观地讲,每年发生在人行横道内的交通事故不在少数,那么为什么这条行人的"生命线"就不能够保证行人通行的绝对安全呢?通过对以上这起案件的分析,我们是可以找到答案的,那就是车辆在行至人行横道时没有及时采取避让的措施。

《中华人民共和国道路交通安全法》第四十七条规定:"**机动车行经人行横道时,应当减速行驶;遇行人正在通过人行横道,应当停车让行。机动车行经没有交通信号的道路时,遇行人横过道路,应当避让。**"对于前两种情况,如果机动车未礼让的,将给予罚款200元,记3分的处罚,而针对第三种情况,如未避让,则将给予罚款20至200元,记3分的处罚。

血的教训告诫广大机动车驾驶人:1)通过有交通信号灯控制的

人行横道,一定要遵守信号灯,切不可抢红灯,即便在绿灯通过时,也要控好车速,注意观察,防止发生意外;2)通过没有交通信号灯控制的人行横道,首先应将车速降下来,然后将脚备在制动踏板上,控制好车速,随时做好刹车避险的准备。总之切莫大意,更不能存有侥幸心理而抢行。

车辆行至人行横道应注意避让行人

超载行车隐患无穷

敬 告
驾驶人

车辆超载危害大，极易导致事故发。
刹车失灵轮胎爆，车毁人亡似天塌。
挣金山，挣银山，出了事故全玩完。

　　近年来，车辆超载的情况比较普遍，随之而来的交通事故也日益增多。造成这种情况的一个主要原因就是部分车辆运输单位，特别是部分驾驶人片面追求经济效益，未能充分认识到超载危害多多，其中最明显的是超载对汽车的使用寿命危害极大，它可以导致车辆油耗增加，汽缸磨损加大，离合器片烧毁，车架（大梁）和钢板弹簧断裂等情况。如在山区坡道行驶，还会出现超载引起的整车重心趋前或趋后，造成部分基础总成（如车厢、车架、后桥等）发生位移和变形。除此之外，违法超载还会严重危及行车安全，如严重超载会使轮胎负荷过大、变形过大而爆胎，从而引起车辆突然偏驶。超载还严重影响汽车转向性能，造成转向沉重，转向时离心力增大，操纵吃力，容易造成翻车事故。更为严重的是，超载将直接使车辆制动效能降低，制动距离加长，降低稳定性，致使事故频发。据有关部门试验证明，每超载 1 吨，机动车制动距离就增加 1 米。

　　一天深夜，来自内蒙古的司机刘春洋（化名），驾驶一辆重型货车由京哈高速公路进京，车上连同装卸工在内共有 3 个人。为了多赚点钱，核载 10 吨的大货车，刘春洋拉了 23 吨，竟然超载了一倍多。进入北京管界以后，严重超载的大货车缓缓地行驶在四环主路上。

当车行驶到东四环路窑洼湖桥东时，在刘春洋前面行驶的一辆大货车因有情况紧急刹车。刘春洋下意识地也踩下了刹车，但由于车辆超载严重，就是停不下来，结果一头撞上了前面大货车尾部。刘春洋和前排乘客位上的乘车人秦某当场死亡，大货车报废。

多年以前，在八达岭高速公路发生了一起死亡 24 人的特大交通事故。肇事原因同样是一辆大货车严重超载，导致刹车失灵而撞翻另一辆大客车。

车辆超载隐患无穷，这已是一个不争的事实。导致这类事故发生的一个重要原因就是，司机无视法律法规，单纯追求经济利益，

驾车不要超载行驶

169

车辆超载导致追尾事故发生

最终酿成惨剧。

为此，《中华人民共和国道路交通安全法》第四十八条明确规定：**"机动车载物应当符合核定的载质量，严禁超载。"**同时，若违反这条规定，《中华人民共和国道路交通安全法》第九十二条也有明确的处罚规定：**"货运机动车超过核定载质量的，处二百元以上五百元以下罚款；超过核定载质量百分之三十或者违反规定载客的，处五百元以上二千元以下罚款。有前款行为的，由公安机关交通管理部门扣留机动车至违法状态消除。运输单位的车辆有本条第一款、第二款规定的情形，经处罚不改的，对直接负责的主管人员处二千元以上五千元以下罚款。"**

公安部 2021 年颁布的 163 号令规定，驾驶载货汽车载物，超过核定载质量 50% 以上的，一次记 6 分；超过 30% 以上未达到 50% 的，一次记 3 分；未达到 30% 的，一次记 1 分。同时，一年中大货车驾驶人被记满 12 分后，将取消其驾驶大货车的资格。应当讲，现在大货车超载现象是十分普遍的，对照公安部 163 号令的要求，从此大货车驾驶人应当警示自己不要再盲目超载了，一个驾驶人一个记分周期（1 年）的分值只有 12 分，如果记满了，将会面临被取消驾驶资格、丢掉工作的风险。

第 46 课

事故自救有招数

敬 告
驾驶人

事故发生一瞬间，身处困境莫慌乱。
自救措施因情异，性命安全最优先。
迅速报警求援助，时间宝贵莫误延。

交通事故不是天灾，而是人祸。因为交通事故是车辆在道路上因过错或者意外造成的人身伤亡或者财产损失的事件，而车辆又是由人驾驶的。纵观一起起伤亡惨重的重特大交通事故，似乎它们的前因、后果充满着各种偶然和变数，作为个人很难在主观上预见到它们即将在下一刻发生。但是，在发生事故的一刹那，如何使身处困境的自己由被动变为主动，又对减少伤亡起着至关重要的作用。现根据有关资料，介绍一下事故自救、互救的基本常识。

一、事故自救方法

每个驾驶人都不愿意发生交通事故，可是，一旦发生交通事故该怎样处理呢？下面讲述 12 种处置方法。

1）车祸发生时，驾乘者应沉着冷静，保持清醒的头脑，千万不要惊慌失措。

2）驾驶人要迅速辨明情况，按照"先救人，后顾车；先断电路，后断油路"的原则，把事故损失降到最低程度。

3）发生翻车事故时，驾驶人应紧紧抓住方向盘，两脚钩住离合器踏板或加速踏板，尽量使身体固定，防止在驾驶室内翻滚、碰撞而致伤。如果驾驶室是敞开式的，翻车时驾驶人应尽量缩小身体往下躲，或者设法跳车。乘客应迅速趴到座椅上，紧紧抓住前排座位或扶杆、把手等固定物，低下头，利用前排座椅靠背或手臂保护头部；若遇翻车或坠车时，应迅速蹲下身体，紧紧抓住前排座位的椅脚，身体尽量固定在两排座位之间，随车翻转；车辆在行驶中发生事故时，乘客不要盲目跳车，应在车辆停下后再陆续撤离。

4）万一人被抛出驾驶室或车厢，应迅速抱住头部，并缩成球状就势翻滚，其目的是减小落地时的反作用力，减轻头部、胸部的损伤，同时尽量远离危险区域。

5）当翻车已不可避免，需要跳车时，双脚应用力蹬，增大向外抛出的力量和距离，不能顺着翻车的方向跳车，以防跳出后又被车辆重新压上。

6）在撞车事故中，巨大的撞击力常常会对人造成重大伤害。因此，乘车人员应紧握扶手或靠背，同时双脚稍微弯曲用力向前蹬，使撞击力尽量消耗在自己的手腕和腿弯之间，减缓身体前冲的速度和力量。

7）驾驶人在寻找自救方法的同时，要兼顾别人的安全以及可能造成的货物、财产的损失。

8）在公路上发生车祸时，要注意保护好现场，及时救护伤员，尽快报警，争取得到交通警察的帮助，防止造成交通堵塞。

9）在车祸中，如果人的头颅、胸部和腹部受到撞击或挤压，即便仅是隐隐作痛，也要警惕内脏出血，应及时到医院诊治，千万不可掉以轻心，不要执意回家，防止内出血突然加剧而导致死亡。

10）车辆意外失火时，应破窗脱身打滚灭火。行车途中汽车突然起火，驾驶人应立即熄火、切断油路和电源，关闭点火开关后，设法组织车内人员迅速离开车体。若因车辆碰撞变形，车门无法打开时，可从前后风窗玻璃或侧窗处脱身。

11）车辆落水时，先深呼吸再开车门。汽车翻进河里，若水较深时，先不要急于打开车门和车窗玻璃，因为这时车门是难以打开的。此时，车厢内的氧气可供驾驶人和乘客维持5~10分钟，应首先使头部保持在水面上，迅速用力推开车门或砸破车窗玻璃，同时深吸一口气，及时浮出水面。

12）当车辆发生迎面碰撞时，两脚踏直身体后倾。一旦遇有事故发生，当迎面碰撞的主要方位不在驾驶人一侧时，驾驶人应紧握方向盘，两腿向前蹬直，身体后倾，保持身体平衡。如果迎面碰撞的主要方位临近驾驶人座位或者撞击力度大时，驾驶人应迅速远离方向盘，将两脚抬起，以免受到挤压而受伤。

二、事故互救方法

由交通事故引发的死亡，往往不是事故本身造成的，而是伤员得不到及时的救治或被不当救治造成的。假如您了解一些抢救伤员的常识，在关键时刻，您可能就成为伤员生命的救护神。

1）首先是设法拨打交通事故报警电话"122"或派人报告公安交通管理部门，告知出事的时间、地点、伤亡情况等；并设法通知紧急救护机构（拨打"120"电话），请求派出救护车和救护人员。

2）不必急于把伤员从车上或车下往外拖，而应该首先检查伤员是否失去知觉，还有没有心跳和呼吸，有无大出血，有无明显的骨折；如果伤员已发生昏迷，可先松开他们的颈、胸、腰部的贴身衣服，把头转向一侧并清除口鼻中的呕吐物、血液、污物等，以免引起窒息；如果心跳和呼吸都停止了，应该马上进行口对口人工呼吸和胸外心脏按压。

3）如果有严重外伤出血，可将头部放低，伤处抬高，并用干净的手帕、毛巾在伤口上直接压迫或把伤口边缘捏在一起止血。

4）如果发生开放性骨折和严重畸形，可能会因为伤员穿着衣服难以发现，因此不应急于搬动伤者或扶其站立，以免骨折断端移位，损伤周围血管和神经。如果伤员发生昏迷、瞳孔缩小或散大，甚至对光反应迟钝或消失，则应考虑有颅内损伤情况，必须立即送医院抢救。

　　5）对于一般的伤员，可根据不同的伤情予以早期处理，让他们采取各自认为恰当的体位，耐心地等待有关部门前来处理。

事故发生，抢救伤者

第47课

春季安全行车"六要素"

敬 告
驾驶人

万物复苏春盎然，驾车犯困有危险。
行车节奏多调整，合理饮食保睡眠。
连绵雨中降车速，安全怡乐又一年。

　　春季万物复苏，是人们一年四季中最容易犯困的季节，这是人体随季节气候变化的一种自然反应。对于驾驶人来说，根据春季的特点，在行车中采取相应的处置办法，对于安全驾驶是非常必要的。

1. 要保证足够的睡眠

　　春季的白天时间较长，夜晚时间较短，人体对睡眠时间的缩短不能完全适应，因此，驾驶人要注意保证充足的睡眠，切忌疲劳驾车。同时，应适当多安排一些户外体育活动，如登山、打球、散步、做健身操等，都很有效。

2. 要合理调整饮食

　　进入春季，驾驶人在日常生活中可以多从饮食上加以注意，减少困乏的发生。据专家介绍，多食用如胡萝卜、大白菜、巧克力、苹果、海带、黄豆、土豆等富含维生素和钾的食物，都可以起到防止疲劳的作用。

3. 要适时调整行车节奏

行车时，特别是在长途旅行中，驾驶人不妨不时地打开车窗通通风、透透气，调整一下车内的温度；或者与乘坐者说说话，或打开音响，听听音乐；或者利用停车的间歇，下车做几下搏击动作，舒展一下身体，都会有益于消除疲劳。

4. 要适时调整行车路线

单一不变的车速及单调的风景有时往往是困乏的诱因，这一点在高速公路上更为突出。因此，驾驶人在出行中，在条件许可的情况下，尽可能选择一些沿途景色多变、花红柳绿的道路来行驶。这样不但心情好，视觉上的变换刺激也能让驾驶人不易疲劳。

5. 要严格遵守交通法规

每年的春季，往往是道路运输的高峰期，人们出行也较为频繁，交通流量大，因此，春季一般也是交通事故的多发期。这就要求驾驶人必须严格遵守道路交通安全法律法规，合理装载，并且注意观察交通信号和路况信息，控制好车速、车距，服从交警指挥。

6. 雨天注意安全文明驾驶

在下雨时行人走路急，穿越道路时往往低头急跑、乱窜而不注意避让车辆，骑自行车的人也会低头猛蹬，不注意来往车辆。此外，行人身穿雨衣，听觉和视觉均受影响。因此，驾驶人在下雨出车前应及时做好刮水器的检查以及装载物资的防潮准备。雨中行车应减速慢行，不要与行人、自行车争道抢行，更不能野蛮驾驶，将泥水溅到行人身上；通过易滑的路面时，应减速慢行，无论是平路、下坡或弯道，都应利用发动机牵阻作用控制车速，切勿急刹车。

细雨绵绵，注意避让行人

第 48 课

夏季安全行车 "四注意、十做到"

敬 告
驾驶人

酷暑暴雨夏季来，行车难点一而再。
燥热疲劳防瞌睡，雨中缓行最应该。
多懂几招排障技，行车怡然保安泰。

夏季是高温、多雨的季节，作为一名驾驶人，掌握较多的夏季行车常识，对于预防事故很有必要。在此，提醒驾驶人做到 "四注意、十做到"。

一、"四注意"

1. 注意不要疲劳驾驶

夏季行车驾驶人容易疲劳打瞌睡，因此行车前一定要保证休息，不可勉强行车。

日常小偏方：在空调出风口处涂抹些清凉油、风油精，给自己醒醒神。

2. 注意不要开着空调睡觉

开着空调紧闭车窗时，因为车内通风性差，发动机排出的一氧化碳等有害气体会进入车厢，容易使人中毒。

3. 注意不要在车内吸烟

因为当车紧闭车窗开着空调时，车内密封比较严，空气不易流通，污浊的空气容易使人患病，特别是有呼吸道疾病的人更受不了。

4. 注意不要把车内空调温度调得过低

车内空调如果使用不当，极易使驾乘人员感冒，这样的事例很普遍。因此，一般车厢内外温度差在10℃左右为宜。

二、"十做到"

夏天的雨不同于春秋季节，大雨、暴雨比较多见，而这样的雨常常又容易导致道路大面积积水，给行车安全带来隐患。一旦遇到这种情况，驾驶人懂得一些必要的安全常识，可以有效地保证行车安全。

1. 保持良好的视距

雨天行车与前车保持足够的安全视距十分重要，首先除了谨慎驾驶以外，要及时打开刮水器，天气昏暗时还应开启近光灯和雾灯；如果前风窗玻璃有雾气，则需打开冷气并吹向前风窗玻璃；如果后窗玻璃有雾气，则需打开后窗玻璃加热器，尽快消除雾气，以免看不清后面的情况。

2. 防止车轮侧滑

雨中行车，路面湿滑，尤其是刚开始下小雨时，路面灰尘及沙土还没有被完全冲洗干净，吸了水分的沙土就变为黏土，非常容易使轮胎打滑。因此，驾驶人要双手平衡握住方向盘，保持直线和低速行驶，需要转弯时，应当缓踩刹车，以防轮胎抱死而造成车辆侧滑。如果是前轮侧滑，要将方向朝侧滑的一侧纠正，切不可打反方向。

3. 掌控好车速，缓慢行驶

有经验的驾驶人都知道，无论道路宽窄、路面状况好坏，雨中行车时速不超过 40 公里为宜，并随时注意观察前后车辆与自己车的距离，提前做好采取各种应急措施的心理准备。如需停车，尽量提前 100 米左右减速、轻踩刹车，使后面的来车有足够的应急准备时间，避免由于刹车过急造成碰撞或者追尾。

4. 尽量避免加速超车

雨中行车，要随时注意前车的行驶速度和方向，绝不可因前车速度慢而加速超车。尤其是在高速公路上，由于各车道的车速相对较高，驾驶人的视野变窄，加上路面湿滑，强行越线超车，稍动方向就很容易造成车轮打滑，极易与其他车辆发生刮蹭，引发车辆侧翻等意外事故。如果有必要借道行驶时，应该多看多观察。很多车的外后视镜没有自动加热功能，雨天在外后视镜上积留的雨滴容易造成驾驶视线盲点，因此，驾驶人要多看多注意。

5. 积水路段安全行车

1）对于未知水深的路段，最好下车巡视或者等待，水深超过排气管，容易造成熄火，水深超过保险杠，容易从空气滤清器、进气口进水，造成发动机进水。

2）如果涉水深度超过发动机舱盖，应立即熄火停车，否则容易发生"气门顶"故障。如果过水时熄火，千万不要尝试再点火起动。

3）不要高速过水沟、水坑，这样会产生飞溅，导致实际涉水深度加大，容易造成发动机进水。

4）见到积水处不要左闪右避。看到水就闪避或者马上急踩刹车减速，这是一般人的通病。实际上这两种方法都非常危险。左闪右避反而容易使后面车辆的驾驶人误解，造成意外。

5）防止涉水陷车。当车经过有积水或者立交桥下、深槽隧道等有大水漫溢的路面时，首先要停车查看积水的深度，最简单的方法是检查水深是否超过排气管的高度，如果超了，应选择其他路线绕行，若水深只淹没少半个轮胎，可以挂一挡，稳住油门，低速直行，一气通过，切不可途中停车、换挡或急转方向，防止因操作失误而导致车辆熄火、发动机损坏。

6. 警惕撞伤行人、骑车人

机动车在雨天行车撞伤行人、骑车人的事故比较多见，其原因是雨中的行人撑伞，骑车人穿雨衣，他们的视线、听觉、反应等受到限制，有时还为了赶路、抢换公交车而横穿猛拐，往往在车辆临近时因惊慌失措而滑倒，使驾驶人措手不及。遇到这种情况时，驾驶人应减速慢行多鸣喇叭，耐心避让，必要时可选择安全地点停车，切不可急躁地与行人和自行车抢行，防止发生事故。

7. 车陷泥坑正确处置

雨天，在乡间土路上行车时，经常遇到车轮陷入泥坑的情况。一旦发生这种情况，可以挂上一挡或倒挡，试探性地缓踩加速踏板，当汽车能前行或者后退时，要保持加速踏板位置不变，低速开出泥坑路段。如果汽车无法前后移动，可以在驱动轮前后垫石块、砖头、木板或树枝等，以增加车轮与地面的附着力，使汽车平稳开出泥坑。

8．雨天临时停车时不要关闭发动机

虽然发动机有发动机舱盖防雨，但难免留有空隙，空隙处渗入的雨水及地面溅起的水花可能会淋湿点火系统，造成雨后发动机无法起动。

9．夜间、阴雨天行车及时开启灯光

夜间、阴雨天行车时，应及时开启灯光，包括前照灯、示廓灯和后位灯。夜间行车视野较差，为了防止被后面的车辆追尾，应该及时开启灯光；另外，在雨雾较重、可视性较差的阴雨天，也应该及时开启灯光。

10．雨季车辆勤保养

1）刮水器最好一年一换。如果刮水器的刮水能力下降，雨天行车观察路面情况将很困难。特别是高速行驶时，刮水器片向上浮起，刮水能力更差。另外，夜间雨中行车，没有刮净的雨滴会在灯光下产生各种反射光，使前方视野极度模糊，容易引发事故。

2）给车玻璃上点蜡。如果玻璃清洁剂中含有一些蜡质，使用后可以在玻璃表面形成蜡膜，刮水器刮水会非常彻底，还可以保护玻璃。

3）定期检查前风窗玻璃处的防水槽排水是否通畅，避免雨天积水造成发动机进水，防止车载电脑短路。

4）加装天窗时注意排水系统。天窗漏雨是件很烦人的事，天窗的排水系统密封在车顶，所以平常不易检查。加装天窗时一定注意排水系统是否安装得正规和通畅，否则雨天只能享受"天雨"了。

第49课

秋季雾天行车使用灯光"五必须"

深秋行车雾常见，交通安全有隐患。
严格控制车行速，大灯雾灯是关键。
待到浓雾更大时，定要停车保安全。

秋天，特别是深秋季节，由于昼夜温差大，往往是产生浓雾或大雾的季节。雾天行车，交通安全存在极大隐患，因此，秋季行车安全重在防雾。下面介绍几点雾天行车的安全常识。

1）雾天能见度小于1公里时，必须开前照灯和后雾灯。开前照灯不仅是为了看清前车，更重要的是提醒前车。否则前车在雾大时并线很难发现后面的车，容易造成后车追尾。

2）如果雾继续增大，应开前雾灯。前雾灯有两种，一种为黄色照射型，主要利用黄光的强穿透性看清前方；另一种为下方投射型，主要照亮前进处的地面，也非常管用。

3）当能见度不足100米时，在降低速度的同时应打开危险报警闪光灯。一则黄色的灯光穿透性强；二则闪烁的灯光对后车驾驶人眼睛的刺激性强，有警示作用。

4）雾天晚上不能开远光灯。因为远光灯的设计是大面积照射，容易在雾里造成散射，在驾驶人眼前造成散射光团，一片雪白，反而看不清前方。

5）如果大雾中在高速公路上行驶时能见度过低，无法继续前行，驾驶人应将车停在应急停车带，打开危险报警闪光灯，然后在车后100~200米处放置反光警告标志，驾驶人和乘车人必须下车，翻过路边护栏，在道路外等待。要知道，很多人在高速公路上就是因为停车后留在车内被后面的来车追尾撞死的。

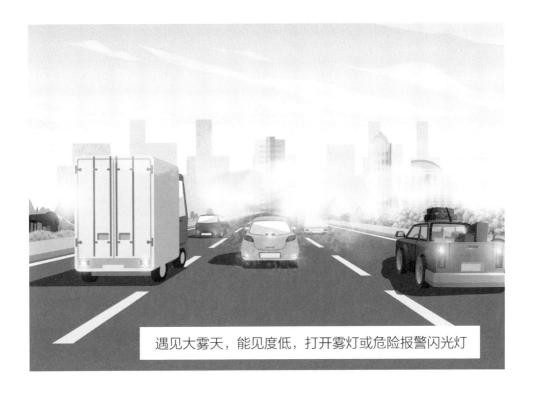

遇见大雾天，能见度低，打开雾灯或危险报警闪光灯

第50课

冬季安全行车"九必查、十做到"

敬 告
驾驶人

大雪纷纷路结冰，冬季驾车要慎行。
车辆保养**九必查**，操作常识要记明。
掌握日常**小偏方**，安全行车离险境。

　　每年一到冬天，司机师傅们都会头疼，不仅车辆换季保养很麻烦，而且一遇上下雪天气，结冰的路面又容易发生事故。要想让汽车和你都能安全地过冬，要做的事情方方面面，不仅需要更换机油、防冻液，检查蓄电池，而且有必要掌握冬季的安全行车常识。

一、车辆保养常识（"九必查"）

1. 检查机油

　　冬季对汽车发动机的润滑要求较高，如果使用的是夏季机油，则必须更换。对使用时间较长、颜色发黑、附着力变差的机油都应换掉，以保证发动机起动的顺畅。

2. 检查防冻液

　　防冻液的量一定要合适，不同地区和不同车型应注意防冻液的冰点温度及型号，使用二年以上的防冻液应予更换，混合防冻液一年必须更换。注意：不同品牌不同型号的产品不要混用。

3. 检查蓄电池

　　蓄电池内的电解液不能亏缺，保持将极板淹没 10 毫米为好，并检查电解液密度，保持充电量，如果蓄电池充电不足，极易在严寒中裂损。

4. 检查制动

注意制动液是否充足，品质是否变差，必要时应及时添注或更换。注意制动有无变弱、跑偏，必要时清理整个制动系统的管路部分。

5. 检查四轮定位

冬季路面易出现冰雪，同时橡胶、金属、塑料等材料在低温下会变硬，操控系统也相应变沉，行驶路感减弱，四轮定位不正确极易影响安全。

6. 检查轮胎

冬季橡胶变硬而相对脆，不但摩擦系数会降低，也较其他季节易于漏气、扎胎。冬季经常清理胎纹内的夹杂物，尽量避免使用补过一次以上的轮胎，更换掉磨损较大和不同品牌不同花纹的轮胎也是不可忽视的。

7. 检查暖风

检查暖风管线及风扇，特别是要注意风窗玻璃下的除霜出风口送风是否正常，热量是否够，当除霜出风口有问题时，在冬季驾车会带来许多麻烦和不安全因素。

8. 检查玻璃清洗液

玻璃清洗液在冬季的使用量会明显少于其他季节，但也不能忽视，一些人在其他用量多的季节里用清水和清涤水代替，但冬季里那些代用品常会结冰，所以冬季里不可以使用，一定要放光，换上不怕冻的玻璃清洗液，也可以在清水中加入酒精或白酒来降低冰点。

9. 检查空调

入冬前，一定要检查一下空调系统是否清洁，有没有堵塞积水现象。

二、操作车辆常识（"十做到"）

1. 预热

冬季气温低，润滑油黏度增加不易流动，起动发动机后让发动机保持在1100转/分左右，让车预热后再起步，预热期间不可猛踩油门，也不要让发动机转速过高。预热不必等发动机温度上升到最佳温度再起步，只要温度表的指针开始上升就可以了。

2. 起步

冬季起步，一定要十分柔和缓慢，这样一方面是为了让发动机在未到达正常运转温度时负载尽量小，另一方面也让轮胎在没热起来还处于较硬的状态下有一个渐热的过程，对发动机、轮胎及行车安全都有好处。

在雪地，车辆起步变得困难，为了能够顺利进入车道，最好稍微前后移动一下车，或者用雪铲清除车辆周围的积雪。起动后轻踩油门，不要使车轮空转，否则车辆会越陷越深。

3. 换挡

冬季驾车换挡要勤，要像驾驶磨合期的车一样驾驶，一定要注意挡位的选择和油离配合，挡位过低过高都易使车失控，这一点在冰雪路面上行驶尤为重要。

在雪地行驶中，上下坡时都要使用低挡平稳通过，中途不宜换挡。上坡防熄火，下坡绝对禁止空挡滑行。

4. 行驶

冬季行车，特别是刚上路时，一定要尽量让车辆匀速行驶，切忌猛加速猛减速，在有冰雪的路面上更是如此。行驶中，要时刻注意周围的车辆及行人，并注意与前车保持足够的距离，要时刻准备着提前刹车，当发现和前车的距离在缩短时，不管什么原因，马上松开油门踏板减速并将脚放在制动踏板上准备制动。应当说，轻柔加速、遇情况及早缓慢减速是冬季行车的原则。

5. 选线

出行前，应该尽量选择好出行路线，如果条件允许，尽量选择没有结冰、积雪或结冰、积雪少的路段行驶，不要一味地选择到主干道或环线上行驶。其实许多主干道及环线的辅路并不一定比环线主路难走，选择这些道路出行，所用时间可能会更短，也更安全。新手雪天开车可改走辅路，避免遇到坡度较大的立交桥。行车中，在冰雪路面上要尽可能走直线，不要频繁地换道，有车辙处最好沿车辙走，无车辙处要注意周围参照物，辨明道路的走向，提防冰雪掩盖处的坑洼，有可能的话尽量在路中间行车。

6. 会车

在一般情况下，冬季上路会车如同其他季节一样，但在有冰雪时，会车应及早减速，特别是在道路不是很宽的情况下，会车要尽量在直道和稍宽一点的路段。

7. 超车

冬季枝枯叶落，视野略好于其他季节，但由于空旷无遮拦，风也较大，所以前车不易听到后车的喇叭声。因此，超车时应运用喇叭和前照灯提示，待前车做出让道动作时再超。在有冰雪的天气，超车很危险，确有必要超车时，要选择宽直的、对面有足够安全距离的路段进行，而且超过前车后千万不要马上向右并线，要尽量给被超车留出安全距离。

8. 转弯

冬季驾车转弯要特别注意避开弯道内的积雪和冰面。冰雪路面无法避开时，一定要提早降挡减速、缓慢通过。车速降下来后，应采取转大弯、走缓弯的方式行驶，不可急转方向，更不可在弯中制动或挂空挡。

9. 制动

冬季行车制动突出一个"早"字和一个"柔"字，即便是在无冰雪的路面上行驶，冬季制动的效果也与其他季节不尽相同，往往略"硬"，因此，冬季驾车制动应早一些轻踩，与降挡制动结合起来更好。在冰雪路面上则尽量不踩制动，必要时还可运用驻车制动，但应按住驻车制动的放松钮，不要让驻车制动卡死。绝对不要忘记的是上路前和停车休息再上路时，一定要试踩几脚制动踏板，以免结冰导致制动失效。

10. 停车

冬季停车要注意地点选择，尽量避开坑洼潮湿处，以免积水成冰冻住车轮。另外，有冰雪时要选择平地，不宜在坡地停车，以免起步困难。避开有枯草落叶处，装有三元催化器的车更要注意，以防高温的三元催化器外壳将枯草引燃。尽量避免在雪地上泊车，要保证有足够的空间驶离停车位，避免使移动位置变得困难。

冬天下雪，路面结冰，保持行车距离

三、日常"小偏方"

1. 携带木板、绳子

冬季行车难免会遇到冰雪和路面极滑的时候，有时会不得已在冰雪路面的坡道中停车、起步，因此，在出行前，在行李舱里放置一些木板和绳子之类的东西，当遇到车辆不好起步的时候垫在车轮下面，会起到防滑的作用。

2. 准备手套、防寒服

冬季许多人开车外出时不备御寒装备，一旦车辆出现故障就很麻烦。因此，在车中备一套防寒服和一双手套很有必要，万一在冰天雪地里需要更换轮胎，这些准备可就如同"救命衣"了。

3. 放置旧报纸、胶带

在车辆中放置一些旧报纸和胶带，一旦需要雪天停车的时候，将旧报纸放在风窗玻璃外，再用胶带略加固定，可以免去次日凌晨风窗玻璃结霜结冰，无法很快上路的烦恼。

4. 使用干布、掸子

一旦车辆玻璃结冰、积雪，千万不要用湿布去擦拭车窗，那样就会令车窗上结冰，越擦越花，要注意最好在车上准备一块干布，用干布擦拭效果会好得多。

5. 佩戴墨镜

雪后放晴的天气，阳光照在雪地上，很容易令人视觉疲劳，佩戴墨镜可以起到缓解疲劳的作用。

6. 擦干钥匙孔

冬季洗车或雪化时，要注意擦干车门上的钥匙孔，也可以在钥匙孔内注一点润滑油，同时还要用干布擦干车门四周的水滴，以防夜间结冰打不开车门。

7. 支起刮水器

在下雪结冰的日子里，开启和关闭刮水器前后，应注意擦去刮水器片上的残雪和冰、水，同时要擦净风窗玻璃，防止刮水器片和风窗玻璃冻在一起，夜间停车必要时将刮水器支起来，确保其不会冻住。

8. 开门降温几分钟

在冬季里，玻璃结霜结冰的情况极为常见，这主要是车内外温差大造成的，所以入夜收车前将车门打开几分钟，待车内温度降至与外界相同时再锁车，便可以减轻或避免晨起玻璃结冰霜不易清除的问题。

后　记

当此书出版之际，自己仍被记忆中那一幕幕交通事故的惨烈场景所震颤，那转瞬即逝的鲜活生命，那亲人撕心裂肺般的呼喊，那事故发生后在家庭中频频引发的悲惨生活……向我们、向社会、向所有道路交通参与者发出警示：一定要牢固树立守法意识和安全意识，提高防范能力，否则交通事故的悲剧会随时重演。

我目前虽已退休在家，但是作为一名公安战线的老交警，仍然心系交通安全，每天行走在大街上，看到车流如梭的交通景象，对于加强交通安全宣传，内心仍感重任在肩。我衷心希望本书能够让人民的安全出行多一份保障，也希望本书能够为社会的安全稳定多作一份贡献。我的一些朋友和同事在本书的资料整理、稿件审校等方面给予了很大帮助，在此一并表示诚挚的谢意。

本书在文字斟酌、事件叙述等方面定有疏漏之处，恳请读者批评指正。

谨此补拙，是为后记。

张　成

2024 年 1 月 18 日